农业对外合作与乡村振兴 系列丛书之六

果业减贫惠农：中国经验

农业农村部对外经济合作中心
农业农村部乡村产业发展司　编著

编辑委员会

主　　任：张陆彪　吴晓玲

副 主 任：郭立彬　刁新育　邵建成　胡延安　李洪涛
　　　　　李　岩　李志平

主　　编：李洪涛　曹　宇　刘晓军　姜　晔

执行主编：张　斌　戴国欢

参　　编：王先忠　祝自冬　徐佳利　王文生　王宝刚
　　　　　毕金峰　陈芹芹　左进华　韩　萌　李海燕
　　　　　闫　燕　陈治宇　谢冬生　丁瑞强

作为引领全球消除饥饿问题的联合国专门机构，联合国粮食及农业组织（下称"粮农组织"）通过改善中小农户等农村极端贫困人口的民生问题，帮助各国实现可持续发展目标1（无贫困）和可持续发展目标2（零饥饿）。

根据粮农组织《2021年粮食及农业相关可持续发展目标指标进展跟踪》报告的估计，受新冠疫情影响，2020年全球新增贫困人口数量为1.19亿至1.24亿。《2030年可持续发展议程》中消除贫困的目标可能无法实现。

2021年初，中华人民共和国政府宣布，自2012年以来，现行标准下的近1亿农村贫困人口全部脱贫，832个贫困县全部摘帽。

中国在这么短的时间内实现几亿人脱贫，创造了令人难以置信的发展成就，验证了我所说的"中国有伟大的知识宝库"。这个宝库里满载着为实现显著发展成果而开发应用的行之有效的中国方案。

立足本国国情，中国探索实施了具有中国特色的减贫方略，以产业扶贫为代表的精准扶贫是其中的关键做法。中国各个地区依托本地优势和特色，树立主导产业，带动贫困农民实现了脱贫致富。

在各类农业产业中，果业为中国消除绝对贫困提供了有力的产业支撑。水果是全球重要的农产品，在提高各国农民生活质量、增加收入、改善粮食安全和营养等方面发挥着重要作用。我很高兴地看到，本书从果业减贫入手，以鲜活的案例介绍了中国脱贫的实践经验。

减贫与发展一直是相辅相成的。本书不仅介绍了关于果业的减贫经验，也分享了果业发展的历程。书中几乎每个成功的案例都离不开政策、资金、技术、市场、品牌的同步发展，离不开基础设施等硬件和能力技能等软件的统筹发展。

此外，这些案例的成功还离不开贫困人口、妇女、青年、少数民族等弱势群体的积极参与，离不开政府和社会的大力支持，这是中国果业减贫、精准扶贫的精髓所在。

中国取得的成就不仅是中国的成功，更是对世界的巨大贡献。我相信，本书所分享的果业减贫经验是中国知识宝库的重要组成部分，值得与世界各国分享。

粮农组织将继续携手中国伙伴，服务中国"三农"，分享中国经验，着力推动建设更高效、更包容、更有韧性且更可持续的农业粮食体系，实现更好生产、更好营养、更好环境和更好生活，不让任何人掉队，推动加快落实《2030年可持续发展议程》。

联合国粮食及农业组织驻华代表 文康农

序言

信念：贫困并非不可战胜

贫困是困扰人类社会进步与发展的重大难题。联合国2030年可持续发展议程以"不让任何一个人掉队"为核心，将"在全世界消除一切形式的贫困"作为人类实现可持续发展的首要目标。在世界各国积极行动下，全球极端贫困率从1990年的36%降至2017年的9.3%。但是，受新型冠状病毒肺炎（简称"新冠肺炎"）疫情影响，2020年全球极端贫困人口出现20多年来的首次上升，贫困人口增加1.19亿至1.24亿。据预测，到2030年全球仍将有约6亿人生活在极端贫困中。2030年议程实现任重道远。

中国政府历来高度重视消除贫困、改善民生，将其置于治国理政突出重要的位置，高度重视落实2030年消除贫困的议程，在经济社会发展中决不落下一个贫困地区、一个贫困群众。改革开放以来，我们凭借坚定的信念、坚持的勇气、坚守的责任、坚决的执行，按照现行贫困标准[1]计算，让中

---

[1] 现行标准是指农村居民每人每年生活水平2300元（2010年不变价），据测算，该标准按2011年购买力平价折算为每人每天2.3美元。同时，现行标准还包括保障义务教育、基本医疗和住房等多维贫困标准，即"两不愁三保障"，稳定实现不愁吃、不愁穿和义务教育、基本医疗、住房安全有保障。

国 7.7 亿农村贫困人口摆脱贫困；按照世界银行国际贫困标准，中国减贫人口占同期全球减贫人口的 70% 以上。中国提前 10 年实现了 2030 年议程的减贫目标，这是对全球减贫事业和人类可持续发展的巨大贡献。在全球减贫出现倒退之时，中国消除绝对贫困将有效提振全球信心，也再次证明贫困并非不可战胜。

方式：减贫的关键——发展产业

贫困人口绝大部分在农村，农业是其重要收入来源。贫困地区大多产业基础薄弱，带动农民增产增收能力有限。减贫与农业农村发展密不可分，而发展的关键在产业。如果说精准扶贫方略[1]是中国脱贫攻坚的制胜法宝，那么产业扶贫就是打开宝箱至关重要的钥匙。

产业扶贫是最大的"精准"。贫困地区资源禀赋、民风民情各异，产业扶贫强调因地制宜，唤醒当地发展产业的主动性，突出特点与优势，鼓励创新和创造。截至 2020 年，中国 832 个贫困县累计实施产业扶贫项目超过 100 万个，全部编制了产业扶贫规划；在贫困地区批准创建国家现代农业产

---

[1] 精准扶贫方略是中国借鉴国际经验，并紧密结合中国实际，创造性提出的减贫方式，即针对解决好扶持谁、谁来扶、怎么扶、如何退、如何稳"五个问题"，做到扶持对象、项目安排、资金使用、措施到户、因村派人、脱贫成效"六个精准"，实施发展生产脱贫一批、易地搬迁脱贫一批、生态补偿脱贫一批、发展教育脱贫一批、社会保障兜底一批。

业园 89 个，创建县级以上各类扶贫产业园 2100 多个，累计建成种植、养殖、加工等产业基地超过 30 万个，每个贫困县都形成了 2—3 个特色鲜明的扶贫主导产业。

产业扶贫重在"连接"。贫困人口自我发展能力弱，难以主动融入经济发展进程、分享经济发展成果。产业扶贫为贫困人口架起了连接经济发展机会的桥梁。**连接生产要素。**扶贫产业发掘了当地的自然资源潜力，为贫困地区接入资本、技术、人才、信息等要素提供了平台，为贫困人口连入交通、物流、通信等网络搭建了载体。**连接市场。**确定扶贫产业，强调基于审慎的市场调查，进行详细的研究论证，需要对市场需求做出响应，对市场前景做出预判。发展扶贫产业，打开了小农户进入大市场的大门。**连接利益。**产业扶贫重视联贫带贫，与贫困户建立利益联结机制。企农契约型、利益分红型、股份合作型等产业发展模式，以及集体资产收益分配机制，将产业发展红利更多地留在了当地、留给了贫困农民。

产业扶贫贵在"可持续"。产业扶贫为贫困人口摆脱贫困、不返贫，并最终走向富裕提供了可持续的解决方案。**自我发展能力可持续。**扶贫产业的发展使贫困户拥有了稳定的收入来源，也形成了一定的收入积累，同时 70% 以上的贫困户接受了生产指导和技术培训，生产技能得到提升，对新知识、新理念的接受度更高，有助于进入自我发展的良性循环。**就业创业可持续。**产业扶贫覆盖 98.9% 的贫困户，其中直接参与种植、养殖、加工的贫困户分别为 1158 万户、935 万户、

168 万户；贫困劳动力在本县内乡村企业、扶贫车间务工的超过 1300 万人，占务工总人数近一半。贫困人口的就业空间更大，收入来源更加多样化。**产业前景可持续**。贫困县累计建成高标准农田 1400 万公顷、农产品初加工设施 4.3 万座，打造特色农产品品牌 1.2 万个，培育市级以上龙头企业 1.44 万家、农民合作社 71.9 万家，72.6% 的贫困户与新型农业经营主体建立了紧密的利益联结关系。基础设施赋能产业，利益联结机制保障产业，品牌加持产业，扶贫产业发展后劲强劲。

方法：果业减贫惠农之路

水果是全球重要农产品之一，在提高各国人民生活质量、增加农民收入、改善食物结构和提供营养方面发挥着重要作用。在中国，水果是仅次于粮食、蔬菜的第三大农业种植产业。2020 年，中国 832 个脱贫县中，312 个县（市）以水果作为主导产业，果园面积 409.2 万公顷。各具特色的果业，为中国消除绝对贫困提供了有力的产业支撑。果业扶贫的经验既属于中国，也属于世界。本书以脱贫的 832 个县为重点，选取了 35 个果业发展典型案例，力求从具体果品出发，分享中国产业扶贫的鲜活实践，凝练可供其他发展中国家借鉴的一般做法。

基线调查，解决"发展什么"的问题。果业减贫必先识别现状，通过广泛调研、多重论证，审慎决策。我有什么？地理、气候、土壤、水源等自然条件，土地资源，果树品种资源，栽培传统，产业基础等是否满足发展果业的基本条件。市场需要什么？树种、品种、品质是否符合市场需求，市场规模有多大，竞争对手发展程度如何。我缺什么？技术、规模、质量、资金、特色、销路等是否制约果业发展。我能找到什么？政策、资本、科技、人才、营销等是否都能解决。

主体联动，解决"谁来发展"的问题。贫困是一个社会问题，减贫是一项系统工程，需要全社会关注和贡献。强有力的政府组织和领导是首要。果业发展非一朝一夕之功，本书的案例实践表明，历届政府长抓不懈、与时俱进，县级总揽全局、统筹资源、持续投入、优先支持贫困户，乡村各级落实落细、稳步实施、工作到村、扶贫到户是实现果业减贫的长效机制。广泛的社会力量参与是必要条件。果业县广泛动员社会各界积极参与果业扶贫，引入市场开发能力强的企业，支持企业和科研单位等定点帮扶，吸引外出务工人员返乡创业，实现人才、技术、资金流向果业，有力促进了果业发展。

整体推进，解决"怎么发展"的问题。果业减贫立足当下，着眼长远。**做好规划**。各果业县围绕主导果品制定中长期发展规划，确定政策支持措施，明确树种、品种、产业结构，明确种植布局，并坚持贫困村和非贫困村、贫困户和非贫困户一体规划、协同推进。**做大规模**。引导果农以资金、土地、劳动力入股，引导土地流转、集中连片开发种植，扩大种植规模。培育龙头企业、合作社、种植大户等新型农业经营主体，提高组织化程度，带动贫困户致富。探索开展果园托管、半托管等既适应家庭小规模生产，又适应规模化的产业服务方式。**做优品质**。推动产学研联合，强化技术支撑，培育推广新品种。设立果业技术专家组，成立农技指导组，走村入户推广果树高效、绿色栽培技术和生态果园管理。建设标准化果园，加强质量监测和追溯，发展绿色、有机果品。**做响品牌**。开展地标产品认证，培育区域公用品牌和企业产品品牌。来自贫困地区的静宁苹果、砀山酥梨、隰县玉露香梨、炎陵黄桃、奉节脐橙、巫山脆李等一批果品品牌为中国消费者所熟知。挖掘果树文化历史价值，丰富果品品牌文化内涵，提高品牌影响力。**做通营销**。充分利用经纪人、批发市场等传统营销方式。捆绑使用扶贫资金和项目资金，建设果品采后预处理、分级包装、储藏保鲜、冷链运输等设施设备，发展直采直销、连锁经营、"互联网+"等新型营销模式。开展消费扶贫，应对新冠肺炎疫情创新网络直播等营销方式，举办贫困地区产销对接专场活动。

确保受益，解决"谁是核心"的问题。贫困人口是减贫的核心，其受益程度是检验减贫成效的关键。吸引贫困户参与果业发展过程。通过"龙头企业＋合作社＋贫困户""产业园区（生产基地）＋贫困户"等带贫模式，提高贫困户果品组织化、标准化生产水平，吸纳贫困人口入企打工。尊重贫困户发展意愿。尽可能多地倾听贫困户心声，将政策讲透，利弊分析透，让其多听、多看，给其时间做决定，尽量避免包办代替。充分尊重贫困户的能力现状，不拔苗助长，不超前培训。保证贫困户分享果业发展成绩。引导新型农业经营主体通过订单生产、土地流转、就地务工、股份合作、资产租赁等方式，遵照契约精神，与贫困户建立利益联结机制，使贫困户分享果业发展红利。各地因地制宜探索出多种模式，比如河北省威县威梨产业的"三金"农民模式，即农民"一份土地挣三份收益"（流转土地挣租金、入园打工挣薪金、资金分红挣股金）。

融合发展，解决"如何持续"的问题。 开发果业多种功能，延伸产业链条，促进水果生产与加工、流通、旅游、休闲养生和观光体验等交叉融合。推动水果加工产业发展，研发水果系列加工产品，以及水果宴等衍生品。依托乡土文化和民俗风情，发展以果树为核心的田园综合体、特色村镇，举办梨花节、桃花节、樱花节、采摘节、梨王擂台赛等活动，促进果品文旅业发展，提升果品知名度，拓宽贫困户收入来源。

产业发展并不必然带来大范围的减贫效应。中国果业减贫之所以能取得显著成效，主要得益于：

一个基础。 治国之道，富民为始；民之贫富，国之责任。中国各级党委和政府坚定兑现消除贫困的政治承诺，将减贫作为国家的责任，上升为国家意志、国家战略、国家行动，从上至下一以贯之。国家确定了产业扶贫方略，省市县乡村各级层层分解任务、抓紧落实，保证了政策的连续性和稳定性。成千上万基层干部"百姓一天不脱贫，一天放不下心来"的情怀、决心和担当是减贫目标得以实现的坚强支撑。

两项原则。尊重市场规律。 果业发展是经济活动，必须了解和顺应市场需求，尽量避免果品种植、营销方式同质化，需要适时调整品种品质结构，增加水果品类和不同花色品种的供应，及时抓住市场机遇，创新销售思路，创建品牌体系，提高果品竞争力，更好地满足市场和消费者需求。平衡好政府与市场的关系，政府侧重于公共投资、公共服务，尽可能以市场化的方式生产果品、开拓市场。**果业减贫与生态保护协调发展**。果业减贫兼顾绿水青山和金山银山，杜绝扶贫引发新的生态环境破坏。比如内蒙古自治区林西县发展林果业，将产业扶贫与生态扶贫、造林绿化与产业富民相结合，采用劳务用工等方式，鼓励有劳动能力的贫困户参与经济林建设，使贫困户能够分享林果业发展和生态保护红利。

三大关注。人的发展。果业减贫重视"扶志"，通过宣传果业脱贫典型人物等方式，调动贫困户的内生动力，释放其参与果业发展的积极性、主动性和创造性，树立摆脱贫困的信心，帮助贫困户摆脱"志气贫困"。果业减贫重视"扶智"，做到技术指导下沉，加强新技术宣讲和技能培训，提升果树种植、果园管理、果品销售的技能，帮助贫困户摆脱"能力贫困"。果业减贫重视创造机会，以劳务补助、以工代赈、企业就职等方式，提供适合贫困人口的就业机会；避免背井离乡，实现家门口就业，缓解留守儿童、空巢老人等社会问题；引入外来资本、技术、人才等，使贫困户有机会接触新理念、新技术，促成新的发展机会，帮助贫困户摆脱"机遇贫困"。**包容性发展**。没有谁生来就愿意贫困。果业扶贫做到识贫、帮贫，不歧贫、排贫；注重贫困户平等享有实现脱贫的权利，享有从果业发展中获益的权利；重视青年、妇女、老人、残疾人和少数民族参与果业发展，并给予适当优先支持。本书中，安徽省砀山县村民李娟身残志坚、电商致富的故事，云南省德宏州阿昌族致富带头人们从亮的故事，内蒙古自治区七合堂村因病致贫的妇女王玉荣依靠果树栽植摆脱贫困的故事，以星星之火点亮脱贫之路，见证了果业减贫的包容性发展。**韧性发展**。果业减贫中探索开展金融、保险等配套支持。部分果业县推广政策性保险，实施果业自然灾害三家保险公司联保，构建资产收益风险防范长效机制；开展"政银企户保"产业融资模式，创新"梨想贷""永不分梨"等产业贷款金融产品，有效增强了贫困户抵抗自然风险和市场风险的能力。

本书的案例实践表明，成功的做法总有其相似性。这一方面反映发展产业有规律可循，另一方面也反映经验分享与交流很重要，成功的经验可以被学习、被吸收、再复制、再创新、再升华。结合每个案例做法的差异性和特色性，本书尝试将35个案例分为五类，即按市场规律办事、绿水青山就是金山银山、以人的自主发展为中心、包容性与韧性、伙伴的力量。希望借助案例的视角，分享中国果业减贫的实践，并为疫情背景下国际减贫事业提出中国方案、贡献中国智慧。

编 者

目录

第一篇 按市场规律办事

"梨果之乡"的果业新发展
——河北省辛集市黄冠梨产业减贫惠农案例　3

黄菇娘铺就脱贫致富"黄金路"
——吉林省大安市黄菇娘产业减贫惠农案例　11

"以果为媒"富民强村
——山东省沂水县果业减贫惠农案例　18

特色无花果"敲"开致富门
——新疆维吾尔自治区阿图什市无花果产业减贫惠农案例　27

"小芒果"成了"大品牌"
——广西壮族自治区百色市田东芒果产业减贫惠农案例　32

巫山脆李写就产业扶贫大文章
——重庆市巫山县脆李产业减贫惠农案例　39

果园托管"托"起果业减贫新路子
——陕西省白水县苹果产业减贫惠农案例　47

第二篇 绿水青山就是金山银山

林果产业铺就林西绿色生态扶贫路
——内蒙古自治区林西县林果业减贫惠农案例　55

产业兴旺果飘香
——山东省蒙阴县果业减贫惠农案例　64

做活"枣"字文章　激发乡村发展动力
——山东省乐陵市王双志村金丝小枣产业减贫惠农案例　72

小刺梨的华丽转身
——贵州省贵定县刺梨产业减贫惠农案例　82

柑橘撑起乡村发展一片天
——云南省新平彝族傣族自治县柑橘产业减贫惠农案例　90

沙棘果成为"富民果"
——新疆维吾尔自治区阿合奇县沙棘产业减贫惠农案例　99

第三篇 以人的自主发展为中心

梨果撑起脱贫梦
——山西省隰县玉露香梨产业减贫惠农案例　　107

"穷山沟"里走出大产业
——湖南省炎陵县黄桃产业减贫惠农案例　　116

猕猴桃"出山"果农增收
——贵州省六盘水市水城区猕猴桃产业减贫惠农案例　　125

让传统特色酥梨焕发新活力
——河南省宁陵县产业减贫惠农案例　　135

"甜蜜产业"助力脱贫致富
——重庆市奉节县脐橙产业减贫惠农案例　　142

产业发展结硕果　昭通苹果来扶贫
——云南省昭通市苹果产业减贫惠农案例　　151

小冬枣大产业好日子
——陕西省大荔县小坡村冬枣产业减贫惠农案例　　161

"盛夏的果实"奏响扶贫乐章
——甘肃省临夏市高原西瓜产业减贫惠农案例　　166

第四篇 包容性与韧性

老产业新思路　砀山酥梨再创辉煌
——安徽省砀山县酥梨产业减贫惠农案例　　175

"不落一人"的马家柚产业致富梦
——江西省上饶市广丰区马家柚产业减贫惠农案例　　186

百香果：扬帆起航万里飘香
——云南省德宏傣族景颇族自治州百香果产业减贫惠农案例　　194

甜蜜的"柿"业
——陕西省富平县尖柿产业减贫惠农案例　　200

造就"十有"果农的静宁苹果
——甘肃省静宁县苹果产业减贫惠农案例　　209

猕猴桃是脱贫致富大"法宝"
——陕西省西安市周至县猕猴桃产业减贫惠农案例　　217

小果子带富一方百姓
——贵州省榕江县百香果产业振兴惠农案例　　225

第五篇 伙伴的力量

脱贫致富"新梨想"
——河北省威县威梨产业减贫惠农案例　　235

"梨乡同川"的脱贫致富经
——山西省原平市同川镇酥梨产业减贫惠农案例　　246

填补空白的"中国蔓越莓之都"
——黑龙江省抚远市蔓越莓产业减贫惠农案例　　254

葡萄之乡　崛起萧县
——安徽省萧县葡萄产业减贫惠农案例　　262

脱贫的"希望树"
——江西省余干县马家柚产业减贫惠农案例　　270

橙果变成了"金果"
——湖南省新宁县脐橙产业减贫惠农案例　　278

端好"果盘子",鼓起"钱袋子"
——海南省临高县热带水果产业减贫惠农案例　　287

后　记　　295

第一篇

按市场规律办事

"发挥政府作用，不是简单下达行政命令，要在尊重市场规律的基础上，用改革激发市场活力，用政策引导市场预期，用规划明确投资方向，用法治规范市场行为。"扶贫，要坚持从实际出发，因地制宜，了解市场发展现状和发展趋势，理清思路，找准突破口，综合运用"看得见的手"和"看不见的手"，充分发挥自身比较优势，做到扬长避短。

"梨果之乡"的果业新发展
——河北省辛集市黄冠梨产业减贫惠农案例

焦点观察： 产业发展需要创新，以果业促减贫也需要在创新上不断下功夫。河北省辛集市发展梨果业，带动贫困户脱贫致富的案例正体现了这一点。从20世纪90年代以鸭梨为主，到2000年转向以黄冠梨为主导品种，辛集市"人换思想树换头，调整结构促增收"的做法，以及2020年以来应对新冠肺炎疫情，拓宽电商销售渠道的做法，是对市场变化的及时响应，也是在扶贫面临困境时，对扶贫思路和产业发展的创新。这种创新，开拓了扶贫和产业发展新路，促使扶贫局面重新焕发了生机和活力。

辛集市距河北省会石家庄 65 公里，面积 960 平方公里，人口 63 万。辛集市素有"梨果之乡""中国皮都""教育名城"之称。辛集市是中国国务院批准的对外开放市，综合经济实力居河北省"十强"县市。

一、果业发展背景

辛集市属暖温带半湿润季风型大陆性气候，地理位置优越，气候条件得天独厚，适宜梨果生长。辛集自古就有种植梨树的传统，梨果产业在深县、赵县、晋州、饶阳、肃宁、魏县等众多县市具有悠久历史，是乡镇农村经济发展不可或缺的一部分。20 世纪 90 年代前期，辛集全市掀起梨果种植热潮，以鸭梨为主的果树面积达 1.9 万公顷，占耕地总面积近 30%，中国首批鸭梨出口美国就从辛集出发。但由于品种单一，传统的鸭梨、雪花梨逐渐出现滞销。

根据市场形势，辛集市委市政府出台多项优惠扶持政策，对现有果树进行高接换头，实施梨产业提质增效工程，发展市场畅销的黄冠梨等新优梨树品种，辛集梨产业再次迎来快速发展。目前，辛集果树面积 1.4 万公顷，其中梨果 0.86 万公顷，黄冠梨 0.69 万公顷。黄冠梨已成为辛集梨果栽培的主打品种，辛集也被誉为"黄冠梨之乡"。全市拥有 230 座果品机械冷库，10 个大型果品产地交易批发市场，300 个纸箱、格垫、网套等厂家，以及 530 个经销网点，2000多名经纪人；年销梨果万吨以上的龙头企业 12 家，拥有自营出口权的 9 家，梨果出口到美国、加拿大等 29 个国家和地区，年出口量超

5万吨。辛集已形成生产、加工、销售的完整梨产业链，黄冠梨更是一季生产，四季销售。

二、多措并举促进产业发展

（一）发展多品种，黄冠梨唱主角。辛集地处滹沱河故道，土白水软，加上四季分明、雨热同期、日照充足，非常适合梨树生长。但随着市场变化，尤其是1996年前后，中国梨果生产出现了区域性过剩，价格下跌，果农收入急剧减少。2000年，辛集市委市政府召开梨果产业结构调整研讨会，邀请中央、省、市林业主管部门领导和科研院所专家以及国内外著名水果经销商参加，做出了"人换思想树换头，调整结构促增收"的决定，在全省率先以高接换头的方式进行梨果结构调整。在这次大规模的品种结构调整中，辛集大力发展了市场畅销的黄冠梨、绿宝石、水晶梨、黄金梨等新优梨树品种，基本涵盖了早、中、晚熟各个品种。近几年，辛集市又引种了新梨7号、玉露香梨等优质品种，全市梨果品种达到数十种，其中主打品种为黄冠梨，其种植规模、管理技术及果品品质，在河北省均处于领先地位。

（二）找准新龙头，市场遍全球。黄冠梨带来的品种红利，不仅富了大批梨农、梨村，也助推了一批果品销售企业的崛起。天华、杏园等公司均为河北省重点农业产业化龙头企业，年经销量达万吨以上。辛集还引导企业注册梨果商标，对获得全国或省级驰名商标或名牌产品的企业，市政府给予资金奖励。如今，全市梨果注册商标 17 个。"天宇""杏园"等品牌被认定为河北省著名商标,"翠王""天华"等品牌为河北省名牌产品。各家龙头企业还积极开拓海外市场,裕隆公司将辛集黄冠梨出口到了南美市场,辛集的"天华"牌黄冠梨畅销香港……辛集梨果出口范围和规模不断增长。龙头企业崛起的同时,产业协会、社会化服务组织也迅速发展起来。按照谁有能力当龙头就依托谁、扶持谁的原则,辛集成立了以河北天华实业有限公司为核心单位的辛集市优质果品产业协会,由协会组织果农进行标准化生产,将新品种、早丰优技术传授给广大果农,公司负责销售,并分红给基地果农。一些实力梨村不仅拥有专业的修枝、套袋、疏花疏果等服务队,而且形成了较为完善的供应链。

(三)打造品牌化,线上加线下。辛集黄冠梨发展已逾 20 年,品种红利接近"天花板"。近年,辛集梨果业发展出现产销脱节、生产成本增加等问题,黄冠梨面临市场见产品不见品牌的窘境,梨农持续增收压力越来越大、种植积极性有所降低,甚至出现砍树现象。辛集梨果业何去何从?自 2017 年起,辛集市在电商平台试水网上销售梨果。在与消费者直接互动的过程中,品牌的重要性益发凸显。为此,辛集提出梨果业要走"品质为王、品牌制胜、产销并重"的路子,品牌是梨果业升级发展的"牛鼻子",要致力发展"品牌梨"经济,打造新的经济增长点,助推辛集梨果业发展、果农增收和乡村振兴。农本咨询创意了"喜欢清甜,就吃辛集黄冠梨"的广告口号,并设计了"一颗戴皇冠的梨"独特标识。2020 年,辛集市承办了中国梨产业年会,集中宣传辛集黄冠梨。在巩固传统销售渠道的同时,辛集与新零售社群"新农堂"合作,举办线上零售招商会,实现云端产销对接。新冠肺炎疫情发生后,辛集通过天猫、拼多多、京东、阿里等线上平台大力推广销售,有力提高了辛集黄冠梨的品牌知名度。

三、梨果业成为辛集市响亮的城市名片

梨果在辛集市栽培面积大,是农民的主要收入来源。近年来,辛集市以绿色化、品质化、特色化、优质化为方向,引入"互联网+区域块+电商营销"的模式,全力发展梨果电子商务,推进品牌化建设,梨果产业已成为辛集市的支柱产业、富民产业,有力地促进了农民增收和乡村振兴。

如今,辛集是全国经济林产业示范县市、国家级梨果标准化示范区、国家级鲜梨出口质量安全示范区。全市年产黄冠梨果 23.8 万吨,直接带动就业 6000 余人,10 万余人服务梨全产业链。2019 年,梨果业出口创汇 3200 万美元,果品产业链产值逾 12 亿元,农民从梨果业获得的收入占农民人均纯收入的 30% 以上。辛集黄冠梨被评为 2019 年度中国最有价值的 20 大水果区域公用品牌、中国果业最受欢迎的 10 大梨区域公用品牌。梨果业已成为当地带动农民增收致富的重要法宝,也是辛集一张响亮的城市名片。

典型故事

辛集市翠王果品有限公司成立于 2004 年,主要从

事梨果种植、储存和销售。公司建有现代化自媒体运营中心和电商分拣车间，组建了冷链物流车队，拥有30多座气调保鲜库，年储藏量2万吨。公司采用"龙头企业＋合作社＋农户"的模式，由企业负责品牌和市场渠道运作，合作社作为生产主体提供生产和储藏服务，发展社员459户，签约包产包销农户968户，采购梨果覆盖农户3249户。

公司通过不同方式与农户特别是脱贫户建立利益联结。第一，与农户签订购销合同，包产包销，以质论价，按照市场价格和市场分级标准进行分拣和结算，提升农户生产积极性。对脱贫户按照每公斤高于市场价格0.4元进行收购；对于行动不便的脱贫户，公司提供上门服务，派遣收购人员直接入户协助采摘和分级，提高农户和脱贫户生产效益。第二，对于想要自销农产品的脱贫户，公司提供免费仓储保鲜和市场行情信息服务（正常入库和储藏需收取费用6.5元/件），节省了脱贫户开支。第三，公司电商分拣车间为脱贫户和周边农户提供就业岗位200余个，增加了工资收入，带动致富。

公司重视标准化、绿色生产，制定了梨果种植和生产的统一标准，并获得7项绿色食品产品认证。严格按照绿色食品生产规范进行作业，并通过书面和面对面培训的形式教给每个农户，要求农户进行农事记录，以拍照、摄影等方式留存生产痕迹，确保生产过程全程可溯

源。投资近300万元建设了生鲜电商实验室和溯源设施，完善对农产品质量安全的把控，真正让消费者吃得放心。公司对所有基地成员的生产投入品统一采购、管理和使用。公司投资近60万元，自建农残检测实验室，做到每批次必检测，保证农产品农药无残留。与河北农业大学深入合作，每个季度开展生产技术培训，针对生产种植中出现的具体问题，进行专业的第三方咨询和辅导。上述做法有效提高了农户标准化生产水平，为果农增收增加了一重保障。

公司重视电商销售，拓展销售空间。发展生鲜电商，带动周边农村经济发展，使更多人才留在农村。公司每天峰值出单量约3万单，平均销售梨果约10万公斤/天，日销售额20万元以上，年销售额6700万元以上，带动农户5000户，覆盖梨果生产基地30个、面积2667公顷，缓解了当地梨果销售压力。2020年3月，新冠肺炎疫情导致梨果滞销，公司对接拼多多和天猫平台，积极开展电商助农项目，累计销售滞销农产品1532吨。公司还建立了电商扶贫车间，吸引贫困人口就业，累计帮扶贫困户83户。

公司荣获中国果品行业百强企业，"翠王"牌荣获2008年奥运会梨果类金奖，经浙江大学评估品牌价值为9453万元。2018年被评为河北省知名品牌，同年被中国果品流通协会评定为中国最具影响力梨品牌。2019年公司的黄冠梨荣获河北省农业农村厅颁发的"梨王"称号。

黄菇娘铺就脱贫致富"黄金路"
——吉林省大安市黄菇娘产业减贫惠农案例

焦点观察： 农业发展离不开资源，自然资源和自然条件是农业可持续发展的基础。减贫，首先要弄清楚当地的资源禀赋，找准资源优势；其次，更为重要的是，需要弄清楚制约资源优势发挥的因素，如资金、技术、人才、市场等，尊重市场规律，确定发展特色，集中力量解决问题，以期释放和放大资源优势，促进资源向资产、收入的转化。吉林省大安市正是充分利用当地的黄菇娘资源优势，加上及时发现和解决问题，从而实现了从资源到产业的转变，为当地实现减贫铺就了有效路径。

一、发展背景

大安市是吉林省白城市属县级市，位于吉林省西北部，地处嫩江西岸与科尔沁草原东缘。这里土地贫瘠，多为沙岗地，广种薄收，主要粮农作物产量不高，属于大兴安岭南麓集中连片特困地区，是国家级贫困县。曾经，大安市产业结构单一，经济发展迟缓，贫困人口近4万人。但是，大安市的土壤成分非常适合种植黄菇娘。这里种植黄菇娘有上百年历史，这种浆果成熟后果实色泽金黄，形似葡萄粒，味甜，多汁。大安市把黄菇娘作为脱贫攻坚重点产业积极扶持、大力发展，走出了一条依托特色产业脱贫致富的"黄金路"。

二、主要做法

早在上世纪60—70年代，大安市太山镇聚宝村农户就开始种植黄菇娘，因土壤气候条件适宜，生产的黄菇娘质量高、口感好而小有名气。但由于缺乏资金，仅限于一家一户的露天或地膜栽培，规模小、产量低、销路窄。近年来，大安市积极培育黄菇娘种植产业，通过政策引领、合作社示范、园区带动、科技支撑、市场开拓等方式，逐步形成了"园区（合作社）+农户""企业+基地+农户"和"互联网+合作社+农村电子商务"的产业发展新格局。截至目前，全市黄菇娘种植面积1867公顷，产量2240万公斤，产值约3亿元。

（一）典型带动，黄菇娘种植初步形成规模。为破解一家一户规模小、市场竞争力弱等瓶颈，2011年太山镇聚宝村村民成立了太山黄菇娘农民种植专业合作社，租赁土地 7 公顷，集中连片建设了黄菇娘种植日光大棚 71 个，采用统一种植、统一技术、统一销售等方式，吸收周边村屯的村民加入合作社，黄菇娘种植大棚规模持续扩大，种植面积增至 80 公顷。大安市政府因势利导，大力宣传聚宝村黄菇娘种植经验，引导全市农民流转土地，集中连片开发种植。目前，全市有 226 个合作社参与黄菇娘种植经营，流转土地 533 公顷，建设黄菇娘生产基地 12 个。

（二）政策引领，打造黄菇娘产业园区。大安市种植黄菇娘效益好，主要采取大棚种植抢早上市的方式。但是，发展大棚种植面临的瓶颈就是资金短缺。大安市委市政府积极行动，制定政策，筹措资金，帮助缓解投入不足问题。一是财政资金支持。2020 年出台了黄菇娘新建大棚奖补政策，当年在耕地上用自有资金新建大棚（每个不低于 1000 平方米）每个补贴 1 万元；新建暖棚建设资金在 20 万元以上的，每个补贴 5 万元；建设 10 个大棚以上的园区，每个补贴 4000 元。支持新建以舍力镇民强村、叉干镇先锋村等为代表的棚膜经济园区 20 个，大力发展大棚种植黄菇娘。二是扶贫资金支持。充分发挥扶贫资金引导作用，为二星、三星贫困户[1] 补贴大棚生产发展资金 1.2 万元 / 户。目前，全市原贫困户累计发展大棚 1984 个，其中种植黄菇娘大棚 1420 个，每栋大棚收益超过 5000 元 / 年。三是整合项目支持。保障基础设施建设，对黄菇娘大棚园区道路建设、

---

1 贫困户评星定级是吉林省大安市精准扶贫的创新做法。通过详细走访、村级初评、乡级审核，对贫困户开展"星级评定"，评出一星、二星、三星贫困户。评星定级主要看家庭人均年收入，年收入 1000 元以下为三星，1000—2000 元为二星，2000—3200 元为一星。针对每户"星级"，精准实施脱贫政策，逐户"清零"。

打井通电、节能灌溉等项目进行重点倾斜。2016年以来,在黄菇娘生产园区新建道路16公里,新打机电井524眼,新建2个占地6公顷的大型农产品批发市场,在黄菇娘集中区建设完善了5个农产品交易市场,保证了产品市场化营销。

(三)科技帮扶,增强产品市场竞争力。大安市致力于提高科技对黄菇娘产业发展的支撑。全市组成9个农技指导组,定期开展技术指导,其中有5名农民土专家常年活跃在农村一线,手把手帮助农民解决黄菇娘种植技术难题。引进"铁把青""一棵树"等新品种,提高果实品质和适口性。推广日光温室育苗、大棚移栽、四层棚膜生产,普及中小拱棚生产等抢早生产技术,以便早采收进入市场增加收入。加强与吉林大学、吉林农大产学研一体化合作,聘请专家为黄菇娘产业发展提供技术支持,不断提高大安黄菇娘品质。

通过技术指导，全市黄菇娘上市早、产量高、效益好，最高价格可达60元/公斤。

（四）企业引领，形成完整的产业链条。黄菇娘抢早收获销售价格好，但在集中出果旺季仍存在不同程度的价低滞销问题。为有效破解这一难题，大安市委市政府充分利用各种媒体，广泛宣传黄菇娘优良品质、市场前景和优惠政策，引导域内外企业参与产业发展。华昱农村电子商务有限公司通过大数据和"互联网+"平台，将农村电子商务引入黄菇娘产业，走出了一条"互联网+合作社+农村电子商务"的发展之路。2017年8月22—24日，大安黄菇娘登陆淘宝天猫聚划算平台，总计销售4176单4500公斤，实现产值15万元，为黄菇娘走向全国拓宽了销售渠道。吉林省碧泉健康食品公司选用大安黄菇娘加工系列饮料产品，延长了产业链条，提高了经济效益。大风和暴雨对黄菇娘大棚生产的危害较大，安盟保险公司大安支公司开办了大棚保险业务，年承保508户1230个大棚，赔保金额33万元，有效降低了农民的生产经营风险，解决了农户生产的后顾之忧。

三、主要成效

（一）销售成绩喜人。大安市黄菇娘线下主要通过经纪人、专业批发市场、客户上门收购等方式，销往沈阳、哈尔滨、北京等大中城市。先后与京东、淘乡甜、832扶贫平台等20多个电商平台合作，年销量以100吨的速度递增，销售覆盖中国24个省份，得到客户好评。据统计，线上销售量占总产量的30%左右。

（二）深加工带动产业发展。为延伸产业链条，以吉林省碧泉健康食品公司为代表的加工企业，生产的大安黄菇娘系列饮料食品，很受市场欢迎。企业每年收购25万余公斤黄菇娘进行加工和销售，占总产量的30%，较好地解决了出果旺季集中上市带来的价格压低、储藏难等问题，促进黄菇娘产业步入了可持续发展轨道。

（三）推动农户就业增收。通过多年发展培育，大安黄菇娘逐步形成了"园区（合作社）+农户""企业+基地+农户"和"互联网+合作社+农村电子商务"的发展格局，在实现产业发展的同时带动了农户增收致富。据统计，大安市黄菇娘产业带动贫困户2000余户，户均增收近8000元/年。

典型故事

吉林省大安市月亮泡镇殿元村俊峰种植农民专业合作社理事长刘俊峰，高中毕业后离开家乡到长春务工。经过几年打拼，小有成就。在了解到家乡的产业发展优惠政策后，他果断结束了外出务工生涯，从长春回到村里种植大棚黄菇娘，这一干就是近20年。从一个普普通通的农民，刘俊峰成长为远近闻名的黄菇娘种植带头人，成为带动乡亲一起致富的"农民头儿"。

殿元村多数贫困户年老体弱，劳动能力不强。这些贫困户看到刘俊峰黄菇娘种得好，收入很可观，就都想入股。面对村里54户贫困户的致富渴望，他感觉这份信任太重了，辗转反侧，担心自己承担不起。经过反复思量，在镇村两级的支持下，他最终决定让54户贫困户入股俊峰合作社。在收入分配上，贫困户可以享受合作社的效益分红，能参与劳动的贫困户额外算务工费。在扶贫政策支持下，在刘俊峰的带动下，殿元村的黄菇娘产业逐步发展壮大起来，效益逐年增加，带户脱贫能力日渐增强。在俊峰合作社的带动下，当地群众开发种植大棚黄菇娘198个，露地种植黄菇娘37公顷，产值超过480万元/年，黄菇娘成为了殿元村的支柱产业。以资金入股的贫困户分红1200元/年，以资金+务工入股的贫困户增收3000余元/年。规模扩大了，客商也多了起来。市场打开了，刘俊峰的思想不再停留在增产增收上，而是打起了品牌、包装这张牌。2017年，他注册了"月亮泡"商标；2018年，注册了"五家户"商标；2019年，申请注册了"沃土达"商标。

  一路走来，刘俊峰带领乡亲们闯出了一条致富路。殿元村的黄菇娘不仅有产量，现在更有名气，他没有辜负乡亲们的重托。"我的乡邻就是我最亲的人。"刘俊峰是殿元村种植黄菇娘的先行者，也是殿元村创业带富的领头人，他将带领他的乡亲在致富的路上一直向前。

"以果为媒"富民强村

——山东省沂水县果业减贫惠农案例

焦点观察： 合作社是联贫带贫的重要载体，山东省沂水县金龙山农业专业合作社是其中的代表之一。除了当地政府的政策、资金、技术等支持之外，金龙山农业专业合作社的成功还在于结合市场竞争需要，实行统分结合。一方面强调贫困户的主人翁意识，实施家庭农场承包果园自主经营。另一方面，合作社承担一定的公共服务职能，统一种植标准、技术指导、物料采购、产品回购、组织销售、质量监管、基础配套、品牌管理。这种方式使贫困户获得资源、技术、知识、服务、市场的能力倍增，加快了脱贫进程。

一、发展背景

山东省沂水县位于鲁中南地区、沂蒙山腹地，总面积 2434.8 平方公里，全县现辖 18 个乡镇（街道）、1 个省级经济开发区，人口 119.44 万。2020 年实现地区生产总值 444.14 亿元，同比增长 4%。

沂水县属低山丘陵农业大县，农业基础稳固，标准化生产发展迅速，是全国果品百强县、中国优质果品基地县、全国现代苹果产业 30 强县。现有果品面积 3.36 万公顷，其中：桃 1.6 万公顷，苹果 0.8 万公顷，大樱桃 0.2 万公顷，板栗 0.34 万公顷，其它树种 0.42 万公顷。果品产业已成为全县农民致富的主要项目和农村经济的重要支柱，在发展县域经济、调整农业结构、实现农民脱贫致富中具有十分重要的作用。强化对产业发展的宏观指导和政策资金支持，发展水果深加工，拓宽果品销售渠道，是今后需要进一步提升的发力点。

二、主要做法

（一）领导重视，政策支持，强化资金保障。2007 年起，沂水县将果品规模化发展作为调整农业结构、发展农村经济、增加农民收入的主导方向来抓，连续 4 年每年由县财政投入 300 万元扶持果业规模化发展，点燃了助推果业规模化发展的"第一把火"。精准扶贫政策实施以来，沂水县按照培树典型、以点带面、建管并重、提质增效的发展思路，精心示范带动全县果业发展，不断巩固拓展脱贫攻坚成果，全面推进乡村振兴。

（二）依托项目，整合资金，引导果业发展。近年来，先后争取并实施了国家标准果园创建、山东省苹果矮砧集约栽培技术示范推广、山东省现代农业生产发展资金苹果产业项目、山东省高效特色农业发展等项目。为实现项目资金效益最大化，按照渠道不变、用途不变、优势互补、各记其功、形成合力的原则，在不改变资金性质和用途的前提下，先后整合国家农业综合开发、生态农业与农村新能源示范县、水土保持、小型农田水利工程、扶贫开发、供销社等项目资金，支持现代果园基础设施配套建设。对果品发展积极性高、群众基础好的贫困村，在符合相关政策条件的基础上，优先考虑项目实施。

（三）技术培训，示范指导，以科技兴果。坚持"请进来"和"深下去"相结合，扎实开展技术培训。先后邀请国家现代苹果产业体系岗位专家、山东省果树研究所、山东农业大学、青岛农业大学等科研院所的专家，在沂水举办集中大型培训班 15 期，深入项目园区现场授课 30 多期，培训果农 1.5 万余人次。先后推广了苹果密植园改造、苹果矮砧集约栽培、桃树优质高效栽培、果园测土配方施肥、果园壁蜂授粉、果园生草栽培、果园物理防控、绿色种养循环等新技术，为促进果业提质增效奠定了良好基础。为提升果园管理水平，采取工作组包扶园区机制，在果树管理关键时段，吃住园区手把手指导果农做好果园管理。2020 年初，面对严峻复杂的新冠肺炎疫情防控形势，为避免人员聚集，采取了网络直播方式，以苹果、桃、大樱桃等水果病虫害防治为专题，开展线上培训班 4 期，组织专业技术人员在做好防护的前提下，深入果园一线开展技术指导服务 100

余次,培训果农 6000 余人次,实现了果园管理水平和果农技术水平双提升。

(四)以果为媒,延伸内涵,打造农业观光景区。沂水县是山东省革命根据地重心县之一,境内有许多旅游景点。近年来,秉承发展全域旅游的理念,在果品发展中转变观念,创新思路,立足果品天然具有的"花可观、果可食、绿叶营造生态氧吧"的特点,以苹果示范园为载体,围绕沂河、峙密河、马莲河等流域,在重点道路两侧及旅游景区沿线,规划建设了果品生态旅游观光园,全力打造"观赏沂蒙旖旎风光、品味沂水佳果飘香"的"沂水果乡之旅"品牌,实现了观光旅游与果品经济渗透融合、良性互动的双赢局面,打造了一批绿色、生态、休闲的美丽果园,促进了农民增收渠道的多样化。

(五)产后配套,打造品牌,提升果品附加值。一是抓好售后配套。

针对储藏能力弱、交易市场少、卖果难的问题,引入工商资本并实施扶贫项目,在杨庄镇高家楼子村、院东头镇田家峪村、道托镇道托村、泉庄镇尹家峪村等大型果品园区,配套建设了果品储藏库 4 座。目前,沂水县果品冷藏库 38 座,冷藏能力 2.7 万吨,果品储藏保鲜能力得到进一步提升。吸引社会投资,在沂水县城两翼建成昌隆、朱家庄 2 处县级果品批发市场,在主要的果品种植村建成小型果品批发市场 40 余处,果品市场体系进一步健全。二是注重沂水品牌的培育。先后有"沂水苹果""沂水大樱桃"获得国家地理标志农产品认证,"百桃"牌蜜桃成为全国首个同时通过中国、欧盟、美国三方有机认证的蜜桃品牌。沂水苹果以 15.38 亿元品牌价值位列 2020 年中国果品区域公用品牌价值榜第 61 位,沂水苹果、"百桃"牌有机蜜桃、夏蔚大樱桃等产品,成功入选区域公用品牌"沂水十品"。

三、主要成效

(一)实现了特色产业与精品园区双发展。依据各地产业发展基础,沂水县培植壮大了五大果品产业扶贫板块。一是建设现代苹果园区。先后建设了沂城街道红旗山、沂蒙风情旅游景区单家庄、龙家圈镇盆山等一批现代矮砧苹果示范园,全县矮砧苹果面积 0.2 万公顷。二是围绕北部、西部山区,发展中晚熟蜜桃产区。先后建设了泉庄镇佃坪村、高庄镇上薛村等重点蜜桃产业园区,建设蜜桃产业基地 0.87 万公顷。三是围绕跋山水库,建设以库区移民贫困村为主的加工黄桃生产基地,栽植本县选育的"金皇后"优良黄桃品种。

先后建设了诸葛镇上胡同峪、沂城街道跋山店子等重点黄桃园区，加工桃基地面积0.13万公顷。四是建设以夏蔚镇、沂城街道、富官庄镇等为主的大樱桃栽培基地。先后建设了圣母山大樱桃基地、北部樱桃园区和近城采摘休闲樱桃园区。五是建设以四十里堡镇、许家湖镇、富官庄镇等为主的保护地果品基地。先后发展了后坡大棚桃、友兰大棚大樱桃、宅科春暖式大棚油桃等园区，实现了当年栽植当年结果、脱贫致富的目标。

（二）实现了脱贫与增收双促进。建成了四十里恒合农场、崔家峪镇凤凰山、许家湖镇榛子示范园等一大批管理水平较高、基础设施配套齐全的现代果业园区，有力提升了现代果业园区建设水平，提高了沂水果品综合生产能力、市场竞争力和品牌影响力。辐射带动8600余户贫困户实现增收，同时带动一大批与果品生产有关的加工、物流仓储、材料包装、旅游观光等行业发展，实现了由单纯生产型农业向生态、旅游、休闲、观光综合农业的转变，对促进行业就业、农民脱贫致富起到了重要推动作用。产业扶贫实现收益3953万元，覆盖32956户贫困户，户均增收500元以上。

（三）实现了品质与效益双提升。2020年，沂水县果树良种覆盖率80%，标准化生产关键技术推广普及率70%，果园生产管理技术环节组装配套的集约栽培模式达30%以上，全县优质果率70%以上，精品果率20%，农民从果品产业中增收超过500元/亩[1]。通过新品种、新技术的应用，全县果品产业规模化、组织化、标准化水

1　亩是中国市制土地面积单位，1公顷=15亩。

平有了很大提高，应用宽行密植、果园生草栽培、水肥一体化、"三沼"利用等新技术，大大减少了化肥和农药使用量，提高了土壤保水保肥能力，果园生态环境得到优化，周边环境协调清洁，果品质量安全水平大幅提高，农村生态环境显著改善。

典型故事

沂水县金龙山农业专业合作社成立于2015年，注册资本1000万元。合作社基地占地118.7公顷，种植有机金秋红蜜桃6万余棵，该品种具有上市晚、果形大、糖度高、耐储运等特点，通常10月上旬采摘上市，常温下可以保存20余天。经过几年发展，合作社注册了"百桃"商标，初步形成了集种植、加工、销售、公共服务于一体的蜜桃全产业链融合发展格局。主要经验如下。

组织化经营，扶贫带贫致富。桃园及所有配套设施，全部由合作社出资建设。为更好地调动各家庭农场和社员从事生产的积极性，合作社将基地内的桃树以承包管理的方式，交由35户家庭农场实行承包经营。合作社与家庭农场签订承包管理协议，除土地流转费、肥料、农药外，其他投入费用均由其自行承担。各家庭农场种植的蜜桃，按照协议约定，根据不同等级，由合作社按每公斤2.8—7.0元的价格统一收购。家庭农场参与基地生产管理的方式，激发了农户的主人翁意识，解决了他

们不用外出即可实现增收的现实问题。2017年以来，合作社累计分红1500余万元，人均近8万元，带动村民及家庭农场实现了增收。

产销标准化，实行"五统一"管理。合作社实行"五统一"管理，即：统一种植标准、统一技术指导、统一物料采购、统一产品回购、统一组织销售。合作社与澳大利亚环球科技公司、深圳百乐宝科技公司、杨凌馥稷生物科技公司合作，制定了一套科学的有机标准病虫害防治方案，使整个园区病虫害防治农药原料天然化、生物制剂环保化、生物农药使用安全化，有效保护了园区内生态平衡和果实的生产标准。同时，合作社将农民丰富的种植经验与现代科学种植方法相结合，制定了《有机"百桃"生产管理流程》《有机"百桃"采摘、运输流程》《有机"百桃"储藏、包装、出库流程》，将每年2月10日到12月12日的生产周期划分为29个时间段进行管理，并根据物候和桃果发育进程，制定相应的管理内容和操作规程。合作社还加强对土壤、进基地材料、生物制剂及产品的检测检验，坚决做到不符合有机标准的原料一律不进基地，不符合有机标准的产品一律不出基地。

管理智慧化，提升自动化水平。完善的配套设施是基地健康发展的基础。合作社累计投资9000余万元，在基地内修建了24公里道路，辐射到了每个地块；建设了小水库2个、占地3000平方米集冷藏与加工于一体的产后处理车间1座、占地4000平方米的常温加工包装车间1座、有机肥生产中心1处、营养肥中心1处、生物制剂中心1处，办公室、化验室、宿舍、食堂等生活配套设施1000余平方米。合作社搭建了农产品安全追溯服务平台，对园区内每一株桃树实行编号挂牌，明确管理小组、管理人员，形成写实生产日志，把企业信息、生产信息、储运信息、市场流通信息真实地提供给消费者，形成了一套完整的质量安全追溯体系。

合作社2016年获得了中国有机认证证书，2017年获得了美国和欧盟的有机认证证书。2017年被评为省级农业标准化生产基地，2018年被山东省林业厅授予"齐鲁放心果品"，"百桃"品牌获得"沂水十品"荣誉称号，2020年被评为省级示范社。

特色无花果"敲"开致富门

——新疆维吾尔自治区阿图什市无花果产业减贫惠农案例

焦点观察： 新疆维吾尔自治区阿图什市自古就有"无花果之乡"的美誉，无花果是当地林果业的重要品牌。针对无花果种植连片程度不高、种植栽培技术落后、果品加工空白且销售渠道单一等问题，阿图什市加强无花果产业化和标准化种植；推广专业化有偿技术服务，打通林果技术服务"最后一公里"；并积极利用各类市场主体的资源，提升无花果价值链，构建"农户＋经销商＋物流＋企业（超市）"的经销体系，实现了无花果产业扶贫。

一、发展背景

阿图什市是克孜勒苏柯尔克孜自治州首府所在地，国家级贫困县。阿图什市位于天山南麓，塔里木盆地西缘，境内高山连绵，沟谷遍布；属典型的温带大陆性气候，四季分明，光热充足，干旱少雨，春季升温快，天气多变，多浮尘，风微雪少；年日照时数 2500—3000 小时，无霜期长。

阿图什市是中国无花果主要产地之一，被誉为"无花果之乡"，无花果是当地林果业重要品牌，曾多次荣获国家优质鲜食无花果金奖，深受国内外市场青睐。但是，当地果农专业水平低，栽培种植技术落后，果园科学管理水平不高，果品质量不高，果品加工空白，且无花果采后极易软化、褐变、腐败，常温条件下只能保存 1—2 天，很难长途运销。这些问题制约着当地林果业发展，导致果农增收能力不高。

二、主要做法

（一）推动无花果产业化。市委市政府高度重视特色林果业发展，每年组织行业部门专题研讨林果业发展，积极申报特色林果业提质增效、有害生物病虫害统防统治、特色采摘园建设、无花果特色乡村建设等项目，为无花果产业做大做强提供资金保障。加大示范园建设力度，建设 2 个乡级示范园，面积 26.6 公顷，所有示范园苗木保存率达 95% 以上，优质果品率达 98% 以上。依托标准化示范园，开展果园管理、病虫害防治、中耕除草、水肥管理等示范培训，将示范园打造成可学习、可复制的样板田。

（二）加强技能培训。开展"百千万培训行动计划——林果科技进万家"活动。依托自治区专家服务团和州级服务团，充分发挥县（市）、乡（镇）政府、技术部门的主体责任，加快形成以县（市）林草局为主体，乡镇林管站为纽带，农民技术员、林果合作社、科技示范户为发力点的州、市、乡、村四级林果技术服务体系。以村干部、生态护林员、林果种植能手为重点，选好人员，强化实训，为各村培养一支 10 人左右的林果技术服务队，确保一家一户有一个技术明白人。

（三）推动技术服务市场化。加强农民技术服务队伍建设，总结有偿服务的收费标准、验收付费方式，推广专业化有偿服务模式。整合项目资金，引导、扶持合作社成为百千万培训工程的组织者，充分利用配发的植保器械，鼓励林果业服务公司、合作社、经纪人向社会化服务转变，提高服务技能，开展修剪、打药、包园管理等专业化有偿服务，逐步实行市场化运作。

（四）延长产业链。鼓励企业建设储藏冷库，规范储藏保鲜流程，使无花果保存时间由 1—2 天延长为 5—7 天。与科研单位合作，优化无花果干、无花果酱加工工艺，研发无花果深加工、精加工产品，开发无花果饮料、果脯、保健食品等新产品，形成品类丰富的农产品加工体系，构建生产、加工、运输、销售产业链。建立异地直销点，积极与当地水果龙头企业对接，构建稳定的供销网；构建"农户+经销商+物流+企业（超市）"的经销体系，完善媒体宣传、博览会、商超专柜和无花果旅游采摘等多元化营销；构建县、乡、村三级网络销售体系，加快推进无花果电子商务建设。

三、主要成效

脱贫攻坚以来，阿图什市无花果种植面积逐年上升，销售稳定，增收效益可观。

当地无花果种植面积由 2016 年的 140 公顷增至 302 公顷。目前，亩产可达 890 吨，亩均收入 8500—12500 元，产值 4730 万元，较 2015 年增长 154.7%。林果业提质增效示范园从无到有，至 2021 年累计建设 18 个，示范面积 1667 户 340 公顷。其中，无花果示范园 2 个，面积 26.6 公顷，均为乡级示范园（阿扎克乡提坚村、松他克乡阿孜汗村）。储藏加工企业 74 家，其中公司和合作社 16 家，储藏保鲜冷库 58 家。龙头企业 3 家（新疆红河农业科技有限公司、新疆荣亚农业科技有限公司、新疆比巴哈农牧科技有限公司），全市果品储藏能力 1.7 万吨，加工能力 1.4 万吨，加工产量 6315 吨。同时，还打造了阿孜汗无花果旅游示范村、特色林果采摘园、农家乐、风情园等，提高了无花果的知名度，也带动了农民增收。

典型故事

阿图什市甜嘴蜜舌果业专业合作社位于松他克乡阿孜汗村 4 队，成立于 2016 年 5 月，注册资本 50 万元。合作社主要从事无花果、杏子、樱桃等果品收购、加

工、储藏、销售业务。合作社固定员工15名，员工工资1500—2000元/月，帮困带动农户15户。合作社产品销售采用本地销售与网络平台销售相结合，扩大了销售范围，产品可直接销往新疆内外。

阿孜汗村有村民675户，家家户户都有无花果果园。合作社成立之前，村民们虽然家家都种无花果，但大都是自产自销，分散经营，经济效益并不好。在加入合作社之前，吐尔逊·居麻种植无花果面积3.4亩，亩产量1吨，亩产值1500元，家庭年收入不足现在的十分之一。加入合作社后，通过参加科技示范培训，学习无花果种植标准栽培管理，他的果园管理水平得到较大提高，果品质量得到改善。目前，通过无花果生产和加工销售，他年均可增收20万元，家庭生活质量不断提高，几年内慢慢走上了稳定增收致富的道路。

"小芒果"成了"大品牌"
——广西壮族自治区百色市田东芒果产业减贫惠农案例

焦点观察： 产业发展与扶贫不是割裂的两部分，而是相互融合的整体。广西壮族自治区田东县享有"中国芒果之乡"的盛誉。但区域发展不平衡，生产条件落后、品质保障不够、产业链条不完善和品牌意识不强等问题限制了产业高质量发展。直面问题，田东县确立了规模化、品牌化、标准化、科技化、产业化的高质量发展思路，将脱贫攻坚与芒果产业转型升级两大难题有机结合，政府发挥政策支持、服务保障作用，营造芒果产业发展良好环境，激发市场活力，实现了产业成功转型升级，形成了特色扶贫产业。

一、发展背景

田东县地处广西壮族自治区百色市右江河谷腹地，南北两翼均为山区，产业发展极不平衡，规模化生产受限。2015年，田东县共有贫困村53个，贫困户13276户，贫困人口52109人，贫困发生率15.01%，贫困人口大部分分布于交通条件较为落后的两翼山区，脱贫难度很大。

田东县种植芒果历史悠久，早在宋、元时期，田东芒果就作为地方名产进贡朝廷。田东芒果外形美观、色泽诱人、肉质甜美、香味独特，是芒果中的佼佼者，是田东县头号特色农产品。因味美质优、营养丰富而享誉国内外，深受消费者喜爱。1996年，田东县荣获"中国芒果之乡"的称号。此后，"田东桂七芒"获"广西优质产品"，"百冠"芒果荣获"广西著名商标"，"举家富"芒果通过绿色食品认证，"百冠"和"举家富"芒果基地获得出口果园备案登记。至2015年，田东县芒果产业虽已形成一定规模，在区内外获得不少荣誉，但仍然存在生产条件落后、品质保障不够、品牌意识不强、产业链不完整、加工环节欠缺等问题。面临脱贫攻坚与芒果产业转型升级两大难题，田东县决定将两者紧密结合在一起，整合各类资源，出台一系列切实可行的扶持政策，推动芒果产业高质量发展的同时，带动全县5.2万贫困人口脱贫摘帽。

二、主要做法

（一）示范带动，规模发展。田东县按照规模化、品牌化、标准化、科技化、产业化的思路，扩大芒果种植区域，提升芒果产量。创建芒果品种展示园，展示芒果品种，进行标准化生产种植。每年开展芒果标准园评比活动，引导果农种植优质芒果，提升品质。建设全国"一村一品"芒果示范村3个、芒果种植示范基地或标准园18个。每年举办芒果王擂台赛或芒果斗香比赛，评选芒果"风味皇后"、最大芒果、最美芒果和最甜芒果，并给予一定奖励，激发农民种植绿色、有机芒果的积极性和主动性。2015年以来，芒果种植区域由右江河谷扩大到南北两翼山区，全县新增芒果种植面积1.13万公顷。

（二）科技支撑，品质提升。利用建设全国农村改革试验区、国家现代农业示范区的机遇，田东县与中国热带农业科学院（简称"热作院"）签订合作协议。热作院在田东县建设了中国芒果种质资源圃，每年定期派专家到现场进行技术指导和培训。与广西农业科学院合作，共建芒果试验站，长期开展芒果技术试验示范。与广西芒果创新团队达成协议，邀请创新团队专家每个农时季节到芒果基地进行指导，促进了芒果新品种、新技术的示范和推广应用。

（三）服务保障，规范市场。作为全国金融改革试点县，田东县在全国首推无抵押芒果种植贷款，让农民种芒果不差钱。2015年以来，全县发放芒果种植贷款2.5亿元。在全国首推芒果种植保险新险种，降低自然灾害风险的影响，让果农吃上"定心丸"。成立芒果行业商（协）会，管理和规范会员营销行为，根据不同芒果品种的成熟时间制定上市日制度，持续开展芒果果品质量安全专项整治，建立从种植到批发、零售、生产、加工、销售的质量安全责任网。目前，全县有芒果种植协会1个，芒果专业合作社55个（其中国家级芒果示范社 5 个），促进了芒果由传统生产向产业化、集约化经营转变。

（四）营销促进，拓宽销售。为提高芒果市场占有率，田东县健全营销网络，拓宽营销渠道。利用"南菜北运"新线路百色—北京果蔬绿色专列开通的机遇，将芒果产品销往北京各大市场。赴北京、上海、杭州、厦门、香港等城市，开展芒果季营销活动。培育水果生产服务企业 246 家，其中市级以上芒果龙头企业 3 家。举办电商培训、电商大赛等，促进电商发展。目前，销售田东芒果的电商店铺 3000 余个，销售网络覆盖全国。如今，田东香芒已远销日本、美国、澳大利亚、欧盟、东盟等国家和地区。挖掘芒果文化价值，举办芒果文化节（活动月）、世界芒果大会等活动，加强芒果文化品牌建设，提高芒果品牌的知名度，芒果已成为田东对外开放的载体、招商引资的平台、展示形象的窗口。

三、主要成效

（一）做强做优产业，小芒果变成"黄金果"。田东县把芒果产业作为特色产业发展的引擎和引领农民脱贫致富的"金钥匙"，不断加大扶持力度，提高服务能力和水平，推动了芒果产业转型升级。培育出"举家富、百冠、壮乡贝侬"等芒果类注册商标 28 个，培育芒果标准生产示范基地 10 多个。全县芒果种植面积 2.27 万公顷，辐射带动 108 个行政村 15545 户农户 5.44 万余人，解决了 3 万多农村劳动力的就业问题，人均芒果纯收入 7720 元 / 年；芒果产业辐射带动 28 个贫困村，占全县贫困村总数的 52.83%，累计 5400 户贫困户 1.6

万人依靠种植芒果告别了贫困。林逢镇东养村和林驮村因种植芒果，还获得全国"一村一品"示范村的称号。

（二）做大示范园区，小芒果实现"集群化"。创建国家级芒果产业科技创新示范园，重点培育祥周镇新洲万亩芒果园、林逢镇那王芒果标准示范基地、林逢镇东养、那朗芒果标准园等现代芒果示范基地，规划建设总面积约 333.3 公顷的国家级芒果产业创新示范园区，促进田东芒果产业集群化发展。

（三）做好电商网络，小芒果成了"大品牌"。借助互联网营销，拓宽产品销售渠道。成立电商协会，协会会员 220 余人；建成电子商务一条街，入驻电商企业 30 余家。目前，全县已建成 1 个县级电子商务公共服务中心、7 个乡镇服务站、13 个贫困村服务点、44 个供销网点、31 个村邮乐购、100 个邮政代理网店，基本实现全县乡镇、

村电商全覆盖。培育了"农派三叔""桂七恋曲""百冠芒果""七个芒果"等一批区内知名的本土电商企业，依托微信、淘宝、天猫、京东、阿里巴巴等电商平台多渠道销售产品。2020年1月至10月，田东县电商实现农产品线上销售额2.5亿元，通过"电商＋扶贫"累计实现助农增收225.79万元。

典型故事

广西田东农派三叔电子商务公司由中山大学毕业返乡创业青年岑参创立，是广西第一批以电子商务手段营销原产地农特产品的电商企业之一。公司于2013年入驻天猫并设立农派三叔旗舰店，成为广西第一家农产品天猫品牌旗舰店。公司依托百色芒果等优质农产品，以电商手段助力家乡特产推广及销售，已成为广西知名的农产品电商品牌之一，合作农户超过1000户，年销售额超过2000万元，有效带动了当地农产品销售和知名度提升。

除做好电商运营工作外，农派三叔还积极参与农村电商精准扶贫，具体工作及成效如下：

开展产销对接。利用电商、微商等线上营销模式及短视频、直播等新型营销模式推广农村特色产品，并举办各类产销对接推介活动，扩大当地农产品销路。通过电商销售直采贫困户农产品、聘请贫困户参与电商包装分选工作等方式，直接帮扶贫困户73户。同时，积极发挥引领带头作用，带动全县电商扶贫系列活动覆盖贫困村20余个，带动帮扶贫困户228户。

对接消费扶贫。积极对接并运营公益发改消费扶贫平台、京东扶贫馆，承办（协办）党旗领航电商扶贫专场线上销售等系列消费扶贫活动，实现电商消费扶贫金额超过1000万元。

推进电子商务进农村建设。升级改造田东电商公共服务中心，实现电商孵化、培训、摄影直播等功能，服务当地电商发展。在田东县6个乡镇85个村，建设电商及物流服务站点。同时，深入开展电商进农村培训，累计培训超过3500人次，巩固了当地农产品电商发展的人才基础。

巫山脆李写就产业扶贫大文章
——重庆市巫山县脆李产业减贫惠农案例

焦点观察： 重庆市巫山县依靠优越的地域条件、悠久的种植历史和独特的脆李品质，将发展脆李作为推动农民脱贫的重要抓手，着力解决了限制果业发展的劳动力不足、土地碎片化、产品销路窄等核心问题，写就了小脆李产业扶贫的大文章。在此过程中，依靠整合行政资源保障了产业扶持的可持续性；依托先进的科技支撑，提升了产品品质；坚持市场导向，提高组织化、规模化、产业化水平，塑造了产业的核心竞争力，最终建立了标准化生产、科技化种植、工业化加工、品牌化营销的全产业链发展模式，成功创建了国家级品牌，形成了小规模、高产出、高效益的扶贫果业，脱贫带动作用突出。

一、发展背景

巫山县位于重庆市最东部，地处长江三峡库区腹心，境内山高坡陡、沟壑纵横，自然条件恶劣，是重庆市 14 个国家级贫困县之一、秦巴山区扶贫开发主战场。

巫山县农业产业发展与经济社会发展的矛盾主要体现在三方面：一是劳动力与产业的矛盾。随着工业化和城镇化不断发展，全县外出务工人员占农村劳动力的 58.58%，农村剩余劳动力中从事第二、第三产业的约占 15.63%，仅 25.79% 的劳动力供给不能满足现代农业发展需要，"无人种地"的趋势日趋严重。在农村留守劳动力中，老龄化现象严重，现有劳动力素质难以适应现代化产业发展需求，"种不了地"的现象越来越突出。二是土地与产业化的矛盾。巫山县是典型的喀斯特地貌，96% 以上的耕地为中坡地，其中鸡窝地、巴掌地占耕地的 81%，耕地碎片化制约了现代农业发展。土地综合利用效益不高，影响农业规模化经营。三是产品与市场的矛盾。专业合作社等合作经济组织起步晚、实力弱，很难实现规模化发展，导致农产品规模和产量上不去，大多数产品以原材料在本地及周边销售，效益不高。

巫山发展脆李产业有三大优势：一是优越的种植条件。巫山县位于北纬 30°附近，雨量充沛，四季分明，立地环境良好，满足脆李生长所需的光、温、水、肥、气等基础条件。二是悠久的种植历史。巫山脆李在唐宋时期开始种植，距今已 1000 余年历史，积累了较为丰富的种植经验。三是独特的脆李品质。巫山脆李果肉浅黄色，纤维少，汁多味香，质地脆嫩，营养丰富。

二、主要做法

近年来，巫山县委县政府认真研究，科学谋划，践行"绿水青山就是金山银山"的发展理念，紧紧围绕规模化发展、科技化服务、品牌化打造、商品化运作、工业化加工、组织化改革目标，将巫山脆李作为推动农民脱贫致富的重要抓手，在"种好、管好、卖好"方面持续发力，用一颗小脆李写成了产业扶贫大文章。

（一）创新工作机制，增强"内生力"。一是统筹整合资金化解"钱的困难"。县财政每年安排1500万元资金支持发展脆李产业，同时整合各类上级资金约1.15亿元，并坚持逐年递增10%以上。脆李种植大户保险覆盖率100%，财政专项扶贫资金的70%用于产业扶贫，支持有劳动能力、有意愿的贫困户发展脆李种植。二是集聚干部合力解决"管的问题"。成立县果品产业发展工作领导小组，由一名县领导牵头抓总，每季度召开一次会议。组建正科级县果品产业发展中心，负责脆李产业规划、年度计划、任务分解、检查指导、考核通报等日常工作。强化脆李种植主体培育，分解到人，按照乡镇主要领导3个、分管领导2个、中层干部和驻村及村社干部1个的方式，对接脆李种植户或社会资本培育的各类种植主体。三是引进社会资本激发"市场活力"。购买社会服务，多层面推动基地建设。对新建3.33公顷以上脆李园的种植主体，建园及管护达到补助条件的，分两次给予7500元/公顷的补助。通过这种方式，发展了脆李种植大户 4850 户。四是强化督查激励构建"考核导向"。将巫山脆李产业发展纳入重点部门和乡镇年度经济社会实绩考核,对完成好的乡镇认定"优秀"并给予产业扶持资金支持。

(二)坚持市场导向,种好"摇钱树"。一是尊重农户意愿,规划实现"科学化"。结合贫困户生产生活实际,深入开展规划调研,聘请专家组编制《巫山脆李产业发展规划》《巫山脆李栽培管理技术规程》《地理标志农产品巫山脆李重庆市地方标准》,优化区域布局,实现适宜种植区域贫困户脆李种植全覆盖。二是以农户为主体,种植实现"规模化"。目前,脆李种植遍及 23 个乡镇 222 个村,形成了县级有万亩示范园、乡镇有千亩示范片、村社有百亩精品园的规模效益,脆李亩产值达 1.6 万—2 万元。三是考虑种植户实际,管护实现"标准化"。成立巫山脆李研发中心,进行品种提纯选优,大力推广巫山脆李果园标准化管理技术。采取"新型经营主体+农户+基地"方式,购买专业社会服务集中开展整形修剪等关键技术管护。建立县级专家团队、乡镇技术骨干、村级技术队伍、种植能手和果农"五层"技术服务体系。四是建立种植户利益联结机制,经营实现"组织化"。按照"龙头企业+基地+贫困户"模式,通过土地租赁、作价入股、经营权托管、订单农业、技术承包服务、就地务工等方式增加贫困户收入,全县低收入户与 6577 个新型经营主体建立利益联结机制。五是引领种植户长远致富,包装实现"品牌化"。制定标准化生产技术规范,统一果园建设标准、果树管护标准和果品质量标准,建立脆李种植质量安全追溯与监管体系,实现标准化生产。巫山脆李先后被评为"中华名果""全国优质李金奖"等,品牌估值 19.18 亿元。六是解决种植户后顾之忧,

营销实现"市场化"。立足市场需求,构建多点支撑销售渠道。创新形象公关,入选"国家品牌计划——广告精准扶贫"项目,2018年起每年在中央电视台8个频道免费滚动播放1个月广告,实现媒体宣传"聚力"。依托全国水果商网络,巫山脆李远销北京、上海、广东、香港等地,实现传统渠道"给力"。利用农交会、西洽会等大型交易平台进行推介,每年在广州、北京等地举办推荐会,实现会展销售"发力"。

(三)围绕长远发展,健全"产业链"。一是农旅融合,让种植户就地吃上"旅游饭"。全力打造巫山"江南百里李花长廊"和"江北千顷李庄"两个大型乡村生态旅游景观,连续两年成功举办"中国李乡·三峡花海"李花节,累计吸引游客200万余人次,发展乡村旅游2000余家,带动农户创业和就业2万余人,实现乡村旅游综合收入9.4亿元。二是商旅融合,实现线上线下"双驱动"。在依靠贫困户与经销商、贫困户与超市等传统渠道销售的同时,建成327个淘实惠电子商务服务站点，每年脆李订单 8 万余个。先后与京东、顺丰速运、中国邮政等合作建成脆李专业销售体系，助推巫山脆李"快捷便销"。每年定期举办巫山脆李产销对接会，统一发布巫山脆李包装、LOGO 和二维码标识，统一宣布上市或下市，全面规范销售。三是工旅融合，打造特色旅游"伴手礼"。引进大型食品生产企业推动脆李深加工，让农副产品就地"一产"转"二产"，延伸产业链，提升附加值。以巫山脆李为原材料，绿色、纯手工制作的"成话李"深受游客喜爱。研发脆李饮品、果酒、李干、果脯等附加值高的产品，将科研成果转化成商品。

三、主要成效

巫山脆李产业在地域经济发展水平不占优、区位条件不占优、耕地生产水平不占优、农村人才年龄结构不占优等诸多不利因素背景下，克服单位产量不高、技术人才匮乏、资金投入有限、物流成本高等困难，通过 7 年多的时间，在时令水果行业实现了"弯道超车"。

巫山脆李发展成效主要体现在：一是产业规模上，全县脆李种植面积超过 2 万公顷，2021 年进入丰产期的李园面积 0.73 万公顷，产量 13 万吨。参与脆李种植农户 5 万余户，贫困户 10321 户。二是产业组织化上，以农村产权制度改革和"三变"改革（资源变资产、资金变股金、农民变股东）为契机，大力发展脆李专业合作组织，发展适度规模经营，建立脆李专业合作经济组织 213 个，1.33 公顷以上脆李果园 786 个。三是产业管护上，果园管护作业水平逐年提升，农户管好果树的意识明显增强，拉枝、修剪等关键技术落地率同比

增幅较大,全县果树管护水平得到较大提升。四是技术支撑服务上,每年重点培训乡镇技术员 200 名、村级技术人员及"田秀才""土专家"1000 名,对贫困种植户实现培训"全覆盖",种植户生产技术能力得到大幅提升。五是品牌与市场建设上,获得全国名特优新农产品、区域公共品牌和巫山脆李地理标志,成功申报全国"110"网络扶贫创新活动 10 个核心示范县,"巫山脆李"区域公共品牌价值 19.18 亿元。六是果农增收效果上,2021 年巫山脆李实现产值 16 亿元,亩均收益是种植传统农作物的 5 倍。全县农村人均可支配收入从 2014 年的 6935 元增至 2019 年的 11229 元,年均增幅 10.5%。

典型故事

曲尺乡朝阳村 3 社村民王祖保,现年 48 岁,家庭户籍人口4人。2014年因学致贫成为建卡贫困户，当时家庭人均纯收入2701元。巫山县有关单位根据其自身意愿和能力、特长，制定了以教育资助帮助其解决子女教育难的问题，以发展脆李种植帮助其实现稳定增收的帮扶措施。在收到县农委免费提供的巫山脆李种苗后，王祖保积极参加乡、村以及有关部门组织的脆李种植培训，努力提升种植、管护技术，认真按照县农委编制的《巫山脆李种植技术规程》开展标准化种植和管护。2015年，王祖保的脆李种植初见成效，实现收入3万元，并于2015年底实现脱贫。脱贫后，王祖保仍不断加强学习，提高种植水平，扩大种植面积。2017年，他种植的脆李在全国优质脆李品鉴会上被评为金奖，他也被评为全县脆李种植能手。现在，王祖保种植脆李1.33公顷，实现产值12万元，家庭人均纯收入突破3万元。王祖保还成了当地的土专家，被巫山一家科技服务公司聘为朝阳村的脆李管护员，带动全村的脆李种植户共同致富。

果园托管"托"起果业减贫新路子
——陕西省白水县苹果产业减贫惠农案例

焦点观察：针对农业人口向城市转移、产业一线劳动力急剧减少及剩余劳动力种植管理水平低等制约现代农业发展的突出问题，陕西省白水县实施了"果园托管"新模式，采取统一质量标准、统一农资供应、统一技术指导、统一生产管理、统一收购销售，形成了全托管、半托管、反托管等利益共享的社会化服务模式。通过购买专业服务的方式，改变了过去农业生产者全程参与各生产环节的现象，使农业生产者能够根据自身优势选择性参与生产环节，走出了产业扶贫新路径，实现了果农降本增效。"果园托管"成为助力脱贫攻坚的有效手段。

一、发展背景

白水县是典型的农业县，苹果产业是全县的经济支柱产业，历来受到高度重视。但是随着农业人口逐渐向城市转移，产业一线劳动力急剧减少，剩余劳动力年老体弱、管理水平低、运用新科技新知识的能力跟不上农业发展的步伐。为了稳步提高农民收入，提升果业发展水平，增强果农及贫困户务果积极性，强化社会化组织服务区域农业农村工作，带动农业社会化服务工作健康发展，助推果园整体管理水平迈上更高层次，白水县顺应农业发展趋势，适时提出开展农业托管工作。通过几年实践，白水县形成了以果园托管为主要模式的农业生产方式，有效解决了现代农业发展遇到的问题。

二、主要做法

（一）高度重视农业托管工作。为做好全县农业社会化服务工作，县委县政府多次召开会议，研究部署以果园托管为引领的农业托管工作。一是成立农业托管工作领导小组，统领全县农业托管工作。二是明确工作职责。县农村合作经济工作站负责全县社会化服务组织的日常登记、管理工作；县果业发展中心做好果园托管工作的技术指导；县农业农村局负责全县新型农业经营主体培育工作，并做好农业产业发展、指导及社会化需求统计工作。各新型农业经营主体依据各自产业实际，通过建立章程、签订合同协议，确立权责利益，在平等、自愿、互利基础上为农户开展农业社会化服务。三是因产施策，分类实施。充分尊重农户和新型经营主体的意愿，根据县域内产业布局和产业发展特点，合理确定社会化服务组织参与的产业环节。

（二）稳步实施果园托管。白水县苹果产业存在一产大而不精、二产短而不强、三产多而不聚等现象，制约着产业健康发展。85%以上的贫困户因缺乏劳动力、技术、资金，果园撂荒现象时有发生，收益下降。通过在具体工作中不断总结提炼，白水县形成了全托管、半托管、反托管等社会化服务模式。

全托管：农户将果园托管给企业，果园的日常管护、农资、农机、劳动力等全部交给农业托管组织，托管组织按照统一技术、统一农资使用、统一生产管理、统一收购、统一销售的标准进行果园生产管理，经营年度结束后，托管组织按约定的保底产量（或产值）给农户分成，对超出保底产量部分的收益，服务组织与农户按3：7或4：6比例分成。

半托管：果园仍由农户主导管理，只是将病虫害防控、土肥水管理、修剪等核心环节的物资供应和技术服务托管给托管组织，托管组织对托管果园进行技术指导和质量监管。托管户可以根据各自所需自由选择服务组织提供的服务项目，农业投入品按低于市场价的10%供应；同时签订收购协议，企业以高于市场价每公斤0.2元的价格收购果品。半托管中也可以分为产中托管和产后托管，产中托管是生产环节的托管；产后托管主要是销售环节的托管，即农户将果品销售工作托管给果业企业。

反托管：是基于托管模式试行的一种农业生产方式，主要是规模化种植企业将农民务工工资与产业收益相挂钩的方式。企业把第一产业中的劳动力投入环节反托管给有条件和能力的农户，农户只负责劳动力投入，其他投入品和生产技术由企业全权负责。农产品采收后，企业依据当初核定的托管果园基础产量，增奖减罚；或者按照当初核定的农产品收购价格，分级别分等级地回购农产品，对优质品适当提高收购价格。反托管是一种新型的农企利益联结机制，主要解决的是规模化种植中劳工短缺、劳动效率低、劳工责任心不强等问题。农民在农业生产中不需要投入资金也不承担市场风险，收入相对稳定，而企业的生产经营效益也得到提高，是一种农企双赢的生产管理模式。

三、主要成效

紧贴苹果产业发展实际，实现农企互赢，助力脱贫攻坚，是白水县实施果园托管的初衷。通过制定果园托管实施方案，进行专题培训和实地指导等形式，白水县做实、做细、做好社会化服务工作，对促进地方经济发展和农民增收发挥了巨大作用。这种模式联结了果农、服务了农业，实现了果农降本增效，大幅度提高了果农收入，受到当地果农欢迎。

果园托管吸引了更多的新型农业经营主体参与。他们立足自身技术和市场优势积极开展市场化运作，提高产品质量，解决产销问题。果园托管明确了托管双方的责任和义务，也兼顾了双方的利益。新型农业经营主体与农户建立了稳定的利益联结机制，有利于产业持续发展。果园托管模式解决了农产品生产成本高、劳动力投入多、产品质量不稳定等现实问题。托管既能大面积统一作业，也可跨区域作业，有利于提高规模化农业生产经营效益。果园托管可简单理解为一种农业生产者购买专业服务的模式，这改变了过去农业生产者全程参与各生产环节的现象，使农业生产者能够根据自身优势选择性参与。

果园托管促进了苹果品质提高，降低了成本。由于使用了新技术、新物资，托管果园的管理水平上了一个台阶，苹果产量和优果率大幅提高。随着企业托管规模不断扩大，农业投入品的购买能力也不断加大，农业投入品的集团购买，使投入品价格有了较大幅度下降，这部分成本的降低，企业一般都让利于农民。同时大型农业机械（如植保无人机、施肥机）的使用，节省了劳动力投入，提高了作业效率，提升了作业效果。由于统一了生产技术，托管果园的苹果质量稳定，售价比市场价高约 10%。

典型故事

贫困户薛小民一家四口，只有他一个劳动力且双腿不好。他媳妇患有严重的精神疾病，生活不能自理。两个孩子正在读初中，每天干完农活，他要给老婆孩子做饭洗衣。偶尔给别人打零工，也挣不了多少钱，吃喝拉撒全靠在果园种一些农作物来维持。他说，如果把果园交给托管，没了地里这些收成，那等于要了他的命，一家人也都没有活路了。在了解清楚托管的好处后，他决定将果园交给公司托管。到了年底，薛小民每斤苹果多卖了 0.2 元，总增收达 1 万元，而且他在托管公司务工，还有 8000 多元工资。

薛少峰有果园 0.11 公顷，自己不会经营，请人打理又要花钱，管理跟不上，眼看着一棵棵果树叶黄枝衰，气得他好几次都想挖掉不弄了。见薛小民把果园托管后收成不错，他也动了心。托管后，第二年薛少峰就套了 2 万个果实袋，每公斤苹果平均卖到 5.1 元，收入 1.4 万元，公司分红 1000 元，他在公司务工收入 2 万元，总收入达到 3.5 万元。

村看村，户看户。50 岁的贫困户薛世民双腿残疾，常年坐着轮椅，老伴身体多病，30 岁的儿子身体也不好，一家人生活自理都很困难，他还要照料园子。因为没有劳动力，不懂技术也无力投资，已经挂果的果园接近撂荒。当他看到别人托管收益好，就把自己的园子也托管了。2020 年，薛世民全托管的 0.27 公顷果园收入 3 万多元，他逢人就说"我也跟着这些苹果树活过来了"。

有托管户自己算了这样一笔账：托管两年，果树旺了，果品好了，每公顷增产 6000 公斤，增收 2.25 万元，再算上托管公司统一供水供肥和购买其他东西省下的钱，收入就更多了。

第二篇 绿水青山就是金山银山

"我们追求人与自然的和谐，经济与社会的和谐，通俗地讲，就是既要绿水青山，又要金山银山。""要让有劳动能力的贫困人口实现生态就业，既加强生态环境建设，又增加贫困人口就业收入。"发展果业，为很多地方将生态环境优势转化为生态农业、生态旅游优势创造了条件，也为很多地方将生态环境劣势转变为好山、好水、好收入提供了机会。只要选择得当，找准方向，措施跟上，绿水青山源源不断地带来金山银山，实现脱贫致富、产业振兴将不再只是梦想。

林果产业铺就林西绿色生态扶贫路
——内蒙古自治区林西县林果业减贫惠农案例

焦点观察： 曾任联合国驻华系统协调员的罗世礼说，有效领导、长期规划和整体减贫的基本原则是中国成功减贫的重要经验。从名不见经传到蓬勃发展，内蒙古自治区林西县林果业的发展之路正体现了这一点。林西县的长期规划不仅表现在对林果产业中长期发展的总体规划，也表现为兼顾林业生态保护与扶贫开发，兼顾造林绿化与产业富民。这样的规划充分考虑了环境与经济的可持续，使贫困户能够分享生态红利，实现了生态保护、经济发展与脱贫攻坚的三赢。

一、发展背景

林西县位于内蒙古自治区东南部，大兴安岭南麓，浑善达克沙地与科尔沁沙地交错带，属经济欠发达地区，1986年被确定为国家扶贫工作重点县。本世纪初，全县开始发展养羊业，因缺乏科学指导，超载放牧，植被破坏严重，造成水土流失，春天刮沙尘、夏天发山洪的现象时有发生。当时，仅有少量果树经济林，由于管理粗放，经济效益低下，果业收入占农民收入的比重很小，经济林未形成产业，在脱贫工作中的作用发挥不明显。2014年，全县仍有建档立卡[1]贫困人口9808户19800人，贫困发生率10.9%。

为促进减贫，确定当地扶贫产业的发展重点，2016年林西县有关部门深入调研了当地林果业发展条件，明确了五大优势。一是林西县属丘陵山区，雨热同季，日照充足，四季分明，昼夜温差大，适宜多种中小苹果经济林生长，产出的鲜果具有较高品质，发展果树经济林产业具有得天独厚的自然条件。二是全县有4万余公顷宜林地、低产低效林地和2.7万余公顷低产低效坡耕地，其中可用于果树经济林产业发展的土地资源超过1.3万公顷，极具开发潜力。三是林西县经济林产业起步于上世纪60年代初，积累了丰富的实践经验，形成了较为成熟的技术管理体系。四是随着人们对健康饮食的追求，

---

[1] 建档立卡是识贫的重要环节。贫困户识别是以农户收入为基本依据，综合考虑住房、教育、健康等情况，通过农户申请、民主评议、公示公告、逐级审核的方式，进行整户识别；贫困村识别综合考虑行政村贫困发生率、村民人均纯收入和村集体经济收入等情况，按照村委会申请、乡政府审核公示、县级审定公告等程序确定。对识别出的贫困村和贫困人口建档立卡，建立起全国统一的扶贫信息系统。

水果成为日常生活不可或缺的食品。以金红和黄太平为主的内蒙野果，以甜脆可口、酸度适中、品质上乘著称，备受消费者喜爱。

推动当地林果产业发展，亟须解决三大问题。一是农民思想观念落后，安于现状，果树种植前期投入大、见效慢，导致农民发展动力不足；单打独斗居多，抱团取暖做大做强较少，创新发展机制办法不多。二是当地干旱少雨，地下水缺乏。三是果树品种单一，果树小苗抵御自然条件能力差，成活率低。四是农民经济实力有限，政府专项资金投入缺乏，经济林基地整体规模小，标准化生产落实不到位；果品销售路径窄，果品加工企业带动力不强；林果产业市场发展体系不健全等。

二、主要做法

林果产业是林西县"十三五"期间农牧业发展五大主导产业之一。通过全力发展果树经济林，促进民生林业与生态林业同步发展，带动当地生态和经济建设长足发展，林西县开辟了可复制可持续的林果产业助贫与富民之路。

（一）强化组织领导，加强科学规划管理。成立林果产业扶贫领导小组，明确工作职能和具体分工，推动果树经济林快速发展。县政府与各乡镇签订责任书，实行经济林产业发展目标管理责任制。乡镇政府帮助农民分析条件，算好收入账，调动农民种植积极性。林草部门落实班子成员包片区，职工干部包乡镇、包地块、包造林、包质量、包成活的目标管理制度，保障林果产业发展。本着"谁开发谁受益、谁承包谁管理"的原则，实施集中连片、整流域推进、高标准建设、集约化经营的建设管理新模式，形成了统一规划设计、分户栽植经营管理，统一流转土地、大户承包或合作社经营管理，农户单独建设小果园等多种经营管理机制。探索在经济林下栽植辣椒、瓜类、豆类等矮秆农作物，实现以短养长。尝试在经济林下间种苍术、芍药、防风和黄芩等中草药，发展立体化种植，促进产业发展效益最大化。

（二）加大资金投入，加速林果产业发展。将发展经济林作为全县一项长期、深远的脱贫产业来抓。通过国家项目扶持、县级财政配套、乡镇自筹、农民投工投劳等形式，建立多层次、多元化的投入机制，每年申请、整合捆绑人工造林、封山育林、退耕还林、风沙源治理等项目资金上千万元，支持果树经济林建设。这不仅使涉农项目资金使用效益得到提高，产业发展得到强有力的资金支持，更解决了农户发展果树经济林资金不足的后顾之忧。通过流转土地搞林果规模化建设，促进集约经营，使农户获得稳定的土地租金收益，带动贫困人口200户397人，人均增收300元。鼓励有劳动能力的贫困户投身经济林建设，带动贫困人口148户272人，人均增收566元，形成了经济林建设带动劳动创收的新局面。

（三）力求发展创新，促进林果业提质增效。每年造林时节，林草部门都组织专门力量靠前指挥，抓工期、抢进度、卡质量。采取统一规划、统一培训、统一购苗、统一栽植、统一管护的方式，同时严把苗木调运关、苗木栽植关、浇水覆膜关、立杆拉线关，确保全县经济林建设进度和质量，推进了全县林果业扶贫进程。2016

年以来,依托资源禀赋,大力推广果树新技术,形成了独具林西特色的"大苗滴灌、集中连片"发展方式,大苗栽植见效快,节水滴灌抗干旱,双管齐下提升了经济林产业发展潜力。2017年起,积极与吉林果树研究院对接,引进了"锦绣海棠""冰红""冰秋"和"冰艳"等大苹果品种,这些大苹果品种非常适宜林西积温低、无霜期短的气候环境,推广潜力大,新品种的引进为林果产业发展拓展了新路径。

(四)实行品牌战略,推进林果产业化经营。积极延长产业链条,发展果汁果脯深加工产业。引进赤峰市天拜山饮品有限责任公司,与果农签订订单,使水果能够在田间地头按订单价全部收购,价格好不愁销,不压货无损耗,带动了贫困地区林果销售。为应对新冠肺炎疫情,县林果产业主管部门采取线上直播培训方式,邀请本地及市、县林业系统的专家为村民讲解林果种植技术,及时解决村民在栽植、管护中遇到的技术难题。同时,依托电商平台,采用直播带货的方式,拓宽销售渠道。在七合堂村建立了"内蒙古野果"协会,打造"内蒙野果"品牌,这也带动其他乡村先后成立了多个专业合作社,为林果业发展注入了活力。

三、主要成效

(一)林果产业增收,助力脱贫减困。经过多年努力,目前全县果树经济林面积1.14万公顷,整流域经济林产业带5条,进入盛果期面积4667公顷,年产水果5.6万余吨,销售收入1.15亿元。自发展林果业以来,林西县贫困发生率由2014年的10.9%降至2018年底的0.77%，为在全区率先脱贫摘帽奠定了坚实基础。在实施经济林重点生态工程的同时，吸收贫困人口参与造林劳动创收。截至2018年底，全县共有863户2679人直接或间接从事林果销售和运输等相关产业，年人均收入超过10万元。经济林正在逐步成为当地农民增收脱贫致富的"绿色银行"。

（二）林果产业添绿，生态环境改善。通过发展林果业，林西县林业生态建设突飞猛进，资源总量实现有效增长，森林覆盖率由2010年的37.9%提高至2020年的41.35%，草原植被覆盖度41%，有效遏制了县内荒漠化、沙化趋势，极大地改善了生态环境。全县形成了多林种、多树种、乔灌草、网带片相结合的综合防护林体系，全年大风日数、沙尘暴次数、风中含沙量明显减少，空气湿度、年降水量均得到明显改善。

（三）林果产业富民，拉动县域经济。依托当地优良的林果品质，赤峰市天拜山饮品有限公司投资8700万元在林西县建设年生产5万吨饮品生产线，带动420户贫困人口就业，每户增收2000元，逐步形成了果农—合作社—外地客商—公司的良性发展机制，为脱贫攻坚提供了动力引擎，使漫山林果变成农民增收致富的有力帮手。成立林果专业合作社15家，276户964人以土地入股、投资分红等形式自主自愿入社，实现了从单纯农业生产向林农业结合的初步转变。依托良好的生态环境，开发了大冷山森林生态旅游区和九佛山、三愣子山、小莫古吐生态旅游景点，年接待游客1.5万余人，年吸纳贫困人口就业110人，人均年收入4200元。

典型故事

说起"内蒙野果",人们第一个就会想起林西县七合堂村。但是,20世纪90年代初的七合堂村,由于过度砍伐、超载放牧等,生态环境恶化,很多农民举家外迁,成了"生产靠贷款、吃粮靠返销、生活靠救济"的"三靠"村,人均收入不足300元,人均持有粮不足150公斤。为了从根本上摆脱贫困,在村党支部的带领和林草部门的支持下,七合堂人于1991年开始大胆尝试,积极探索生态建设发展之路,现已形成具有现代庄园经济雏形的新农村发展模式。目前,全村果树面积超过667公顷,农民年人均销售果品收入2万余元,占全村人均年收入的80%,全村贫困人口全部稳定脱贫。七合堂村还获得了林牧结合庄园经济示范区、新农村建设村屯绿化示范村、全国生态文化村等一系列荣誉称号。

七合堂村的主要做法为:一是改进组织管理。成立"九佛山"野果种植专业合作社,并注册"九佛山"商标,广泛吸纳周边村组果农加入,实行统一综合管理、统一联络服务、统一仓储销售即"三统一"的合作经营模式。该合作社被农业农村部等部委联合授予"国家农民合作社示范社"荣誉称号。二是重视品种品质。推广多元化品种种植,在重点栽植金红苹果的基础上,引进K9、安国梨、黄太平等10余个品种,做大做强了"内蒙野果"的品牌。三是注重果品产业链发展。依托"天拜山"果饮农牧业龙头企业，建立了"企业＋合作社＋农户"的利益联结机制，实现新鲜水果就地转化增值。四是培养懂技术、反应快、能力强、有经验的综合技术服务队伍。七合堂村已培养30余名栽植、嫁接、高接换头、修剪整形、病虫害防治等专业新型农民，其中不乏返乡创业青年和妇女。

因病致贫的王玉荣就是靠栽植果树摆脱贫困走上致富路的妇女代表。2016年她在七合堂村两委帮助下，种果树、学技术、入合作社，依靠林果产业实现了脱贫致富。如今提起她的名字，村里人都夸她是个巧媳妇，果树栽植管理得比谁都好，她听后谦虚地说：不是我果树种得好，其实是林草部门技术指导做得好，他们春天教我们剪枝，夏季教我们防虫，秋冬教我们管护，有了

他们的技术，果树才能丰收卖上好价钱，我们一家日子才有了奔头。2020年，她主动参加了县工科局在村里举办的电商培训，学习互联网销售知识。现在的她做起了线上销售，收入又增加了不少。不仅如此，王玉荣还把自己摸索到的经验和学到的知识传授给其他种植户，指导乡邻们种植果树。在王玉荣的影响下，七合堂村的妇女也纷纷走上了林果产业助扶贫的绿色致富路。

产业兴旺果飘香
——山东省蒙阴县果业减贫惠农案例

焦点观察： 山东省蒙阴县地处山区，从上世纪 80 年代开始，始终坚持发展绿色产业，大力建设山清水秀的自然生态，不断强化"绿水青山就是金山银山"的发展理念，将果业扶贫作为该县五大扶贫产业之一，在脱贫攻坚中取得巨大成效，走出了一条"生态美、群众富、可持续"的全产业链带贫发展之路。一产、二产、三产联动，吸纳贫困户参与果业发展各个环节，种植收入、就地务工收入、分红收益等使贫困户收入来源更加多样化，抗风险能力更强。

一、发展背景

山东省蒙阴县是山区农业县。从上世纪80年代开始，蒙阴县立足山区实际，把既让山头增绿又让群众致富的果业锁定为农村支柱产业，通过政府主导、发动群众，整村推进、连片开发，形成了以蜜桃、苹果、板栗为主，樱桃、杏、葡萄、核桃等杂果为辅的果品产业。蒙阴县始终坚持发展绿色产业，大力建设山清水秀的自然生态，不断强化"绿水青山就是金山银山"的发展理念，走出了一条"生态美、群众富、可持续"的特色产业发展之路。

果业作为特色产业，为蒙阴脱贫攻坚和乡村产业振兴奠定了坚实基础。根据2016年第三次全国农业普查，全县果园面积7万公顷，其中蜜桃4.73万公顷、苹果0.4万公顷、板栗1.67万公顷。全县58万人，人均近2亩果园。2020年全县果品总产量12.75亿公斤，产值56.3亿元，其中桃10.75亿公斤，产值47.3亿元。蒙阴蜜桃是山东桃的典型代表，品种多样、品质优良、供应时间长，种植面积和产量均居全国首位。目前，全县有早、中、晚熟蜜桃品种200余个，每年从4月初至11月中旬均有鲜桃供应市场，果品销往全国各地。

果品产业发展直接和间接带动了务工、生产资料供应、物流运输、休闲旅游、储存加工、电子商务等产业的繁荣。全县新建农村物流网点500余个，日均发货量20万余件，通过电商销售的蜜桃约占总销量的20%。全县物流企业100余家，运输车辆约1.1万辆，蜜桃集中上市期，日销售量达1000万—1500万公斤，每天的外运车辆1000余辆。果品包装企业76家，通过工商注册的果品专业合作社665个，大中型果品恒温库89座,果品储藏能力26万吨。欢乐家、美华农业、康维果蔬脆片、富亿农等果品加工企业,累计年加工能力36万吨。

果业扶贫作为蒙阴县五大扶贫产业之一,依托其庞大的产业基础,发挥了帮扶门槛低、帮扶收益期长、技术经验丰富等优势,是脱贫攻坚的重要依托力量。

二、主要做法

(一)一产升级助推产业发展。"村里无偿分给我一亩多地的桃苗,县果业部门还对俺进行种植技术指导,俺对生活充满了希望。"云蒙湖生态区重山社区建档立卡贫困户王明财说。今年60岁的王明财以前家里人口多、底子薄,日子过得紧紧巴巴。精准扶贫工作开展以来,村里为他免费提供桃苗,帮助他发展了一亩多桃园。目前这些桃苗长势良好,待投产后,王明财就能通过蜜桃种植实现增收。

"要想富,种果树",这是蒙阴县贫困群众的脱贫致富密码。为发挥果业优势,带动当地贫困群众通过发展果业脱贫致富,蒙阴县制定了《果品产业精准扶贫实施方案》,对有意愿发展果树的精准识别贫困户和巩固提高的建档立卡贫困户,每新发展一亩优质果园,分别给予600元和300元的扶持资金。同时,通过新型职业农民培训、田间技术指导等方式,对发展果树种植的贫困户进行技术指导,提高其果园管理能力,解决其果业发展遇到的实际问题。

(二)二产发力带动贫困户增收。"欢乐家公司送来300棵黄桃苗,签订了保底收购合同,解决了我的后顾之忧,脱贫致富也有了奔头。"

垛庄镇蒙河村建档立卡贫困户张秀山说。山东欢乐家食品有限公司是全国知名的水果罐头生产企业,该公司充分发挥龙头企业带动作用,与蒙河村及该村63户贫困户签订了脱贫帮扶协议,免费赠送贫困户黄桃苗1.5万棵,发展黄桃基地,实行保护价收购,确保贫困户稳步增收。

蒙阴县不断引导果品龙头企业、合作社、家庭农场等经营主体参与扶贫攻坚,制定行之有效的帮扶措施。直接帮助贫困户的企业或合作社等组织,将优先享受富民生产贷等金融政策。依靠产业示范园和龙头企业、合作社,采用"合作社+基地+贫困户"和"龙头企业+基地+贫困户"的模式,积极发展订单农业。优先雇用有劳动能力的贫困户入园打工,获得劳务报酬;对没有劳动能力的贫困户,采用土地入股或果园托管等方式,增加其收入。全县309家农业龙头企业和果品专业合作社,带动1500余名贫困人口实现了脱贫致富。

(三)产业融合对接精准扶贫。"丈夫去世早,孩子正上高中,村里新建的示范园为我提供了一份工作,不出村就能把钱赚。"常路镇西北楼社区建档立卡贫困户刘安香说。常路镇引发果业示范园,是集果品生产、观光休闲、采摘为一体的综合性果品示范园。建成以来,10多名当地贫困群众入园打工,每人每年收益1.5万元。

在引导贫困户发展果树种植的同时,积极探索果品全产业链帮促脱贫。果品生产过程中,在疏花疏果、果实套袋、采摘、分级包装、运输、加工等环节用工量大。结合这一特点,蒙阴县积极组织有劳动能力的贫困人口参与果品产业服务。在果业就业的贫困人口,每人每天工资收入80—120元,仅春夏两个用工季节,每人就能收

入 5000—8000 元。依托良好的生态旅游资源，蒙阴县还吸纳贫困户以土地入股、土地流转等方式，参与到观光采摘园中获得收益，进一步丰富了贫困群众脱贫路径。

三、主要成效

（一）扶贫果园建设增添亮点。2016 年以来，全县累计为 4320 户贫困户提供优质果树苗木 22.8 万株，新发展果园 402.4 公顷，直接投入帮扶资金 239.2 万余元，使果园设计规范，建设整齐，品种优良，树势健壮。利用山东省高效特色农业平台发展项目，在云蒙湖、垛庄、常路、联城等乡镇，建设高标准果品示范园 16 个，通过土地入股、果园代管、股份分红、用工等方式，直接带动项目区内 146 户贫困户实现脱贫，保障贫困户有稳定的产业支撑。

（二）果业扶贫科技行动实现常态化。县果业发展服务中心联合山东省果茶技术推广站，开展"果业扶贫科技行"行动，组织专业技术人员，采取一对一技术指导，先后在垛庄镇、桃墟镇等7个乡镇街区举办"送技术、助脱贫"专项培训活动。2017年以来，开展"技术培训全覆盖"活动，对贫困村、贫困户新发展果园开展提质增效培训服务，系统提高贫困户及果农的果树生产管理水平，累计培训贫困户1.5万余人次。

（三）全产业链带动脱贫效果显著。通过村集体、合作社、个人等组织，从事疏果、套袋、包装、加工的贫困人口超过5000人；全县微店、淘宝等5000余家，电商雇用贫困户从事包装、运输等工作，从业人员4.7万余人，增加了贫困户的务工收入。同时，优先帮助贫困户销售果品，通常价格较市场价高0.1元/公斤，增加了贫困户的果品销售收入。

典型故事

产业扶贫是帮助贫困户摆脱贫困的长久之计。蒙阴县因地制宜,立足当地果品产业优势持续发力,在产业发展、脱贫攻坚的战场上,涌现出一大批领着干、走在前、成效强的带头人。蒙阴县垛庄镇孙家峪子村党支部书记王铭聚就是其中一个典型代表。

由孙家峪子村村支部书记王铭聚一手创办的蒙阴县聚利果品专业合作社,位于蒙阴县垛庄镇孙家峪子社区。通过合作社助力带动,发展了千亩矮砧苹果示范园,并与中国农科院开展技术协作,建设"数字果园"。实施"现代果业+合作社+贫困户"的产业扶贫模式,通过土地入股经营分红、吸纳务工、集体收益再分配等形式,帮助贫困户增收脱贫。

扶贫先扶智。合作社兴建了培训教室,配备了桌椅、投影仪、电脑等设施设备,能同时容纳100余人上课学习。合作社经常邀请专家为农民生产提供技术服务和培训指导,或深入田间地头进行授课。2020年,合作社举办各类培训班20余期,培训2560人次。蒙阴县聚利果品专业合作社农民田间学校还被评为全国百个优秀农民田间学校。

扶贫要增收。合作社每年提供劳动岗位30余个,主要从事果园锄草、施肥、灌溉、管护等,现已吸纳11

户贫困户家庭成员到合作社稳定务工。合作社还积极吸纳无劳动能力的贫困户，以土地入股的形式加入合作社。贫困户以土地入股后，合作社每年减少贫困户20%的成本投入，年终参与收益分红，2020年每亩平均纯收入3000余元。合作社还组织开展了认养果树、助力脱贫攻坚的活动。来自各地的游客共认领了2000余棵果树。合作社从筹集到的资金中拿出1万元作为扶贫资金，差异化分配到了全村15户建档立卡贫困户。合作社还通过经营管理其他产业扶贫项目，为全村贫困户提供就业、脱贫、增收渠道。现在合作社经营管理的果品交易大棚、铸框厂两个产业扶贫项目，每年收益4.8万元，全部差异化分配到全村15户建档立卡贫困户。

做活"枣"字文章　激发乡村发展动力
——山东省乐陵市王双志村金丝小枣产业减贫惠农案例

焦点观察： 山东乐陵是中国金丝小枣的著名产地，朱集镇王双志村位于乐陵市枣林景区核心区。在保护古枣林资源、传承枣文化的同时，如何开发、利用好这些资源，实现全村脱贫致富及振兴乡村经济的目标，王双志村支部书记宋洪泉带领群众创建了"党支部＋合作社"发展模式，逐步形成并完善了"红枣＋文化＋旅游"的发展业态，实现了生态保护、文化弘扬、经济发展的同步效应，为传统水果老产区脱贫致富和乡村产业振兴提供了借鉴经验。小村庄，小枣子，走出了一条村民共同致富的大路。

一、发展背景

朱集镇王双志村位于山东省乐陵市，全村农户 142 户 678 人，耕地 45.8 公顷，共有枣树 4.3 万余株，其中村集体 1 万余株。2013 年，该村贫困户 15 户 52 人。当时村里没有一条硬化道路，遇到雨天，坑坑洼洼，泥泞难行，自来水安装率极低，即使安装了自来水，也经常停水，群众出行和饮水安全得不到保障。

山东乐陵"金丝小枣"闻名全国，有千年以上的栽培历史。王双志村正位于乐陵金丝小枣种植核心区，立足自身资源，发展小枣产业，成为王双志村脱贫致富、乡村振兴的首选产业。然而长期存在的基础设施落后、管理模式僵化、销售渠道不畅、抗病抗灾能力弱等问题，严重制约了小枣产业发展。在乐陵市和朱集镇政府统一发展规划指导和政策支持下，王双志村党支部及群众不懈努力和探索，创建了"党支部＋合作社"的发展模式，逐渐形成了以"红枣＋文化＋旅游"为核心的产业振兴新业态，激发了脱贫与发展的新活力。

二、主要做法

（一）"党建"引领，试点"党支部＋合作社"模式，助推红枣产业发展。王双志村将党支部凝聚力融入到合作社运营、乡村旅游、扶贫攻坚三大重点工作上，实行了"党支部＋合作社"的发展模式。在村党支部的带领下，在尊重群众意愿的基础上，走合作致富之路，以合作增强抗风险能力。一是推行枣树管护新模式。党支部创办成立专业合作社，支部书记任合作社理事长，主持合作社工作。转变一家一户传统家庭管理模式，合作社成立了枣树管理专业化服务队，负责枣树的日常剪枝、除草、环剥、施肥、采收等。二是拓宽线上线下卖枣渠道。线下采用"订单农业"模式，与绿庄食品（乐陵）有限公司和乐陵市德润健康食品有限公司签订红枣收购协议，以不低于8元/公斤的价格收购合作社红枣。广泛吸纳红枣销售业主、电商业主加入合作社，建设电商服务中心、特色售卖亭等，并免费提供产品展示、培训指导、代销代购等服务。三是积极探索林下经济。在枣树林中尝试种植油菜，2020年种植油菜20余公顷，油菜籽产量超过2250公斤/公顷，市场价约4元/公斤，林下经济为村里带来了20万元左右的收入，在提升耕地利用率的同时，增加了村民收益。

（二）"资源"拓展，开发乡村旅游新业态，为红枣产业赋能。一是多看。王双志村支部书记带领村民代表先后到山东省济南、滨州等地学习一二三产融合发展经验。二是多听。党支部多方了解市场信息，并定期邀请在外人士、群众代表、市镇干部出谋划策，共同促进旅游发展。三是多干。村里成立了枣乡人家党总支，提出"枣乡人家，党群共建，我爱我家，人人有责"16字方针，发动在家的、在外的村民都参与建设。先后建起了枣乡记忆馆、母子枣树广场、枣树光伏大棚、枣乡农家乐等。成立了专门的旅游观光公司，注册了"枣乡人家"商标，注重生态环境保护，对农家乐、商铺、农产品等实行统一管理，年接待旅游观光游客超30万人次。

（三）以枣为"魂"，传承挖掘弘扬红枣文化，激发乡村发展新活力。王双志村立足本村实际，传承弘扬红枣文化，挖掘文旅价值，助推文旅深度融合。一是依托百年枣林景区，围绕"枣乡人家"品牌，全力发展红枣文化产业。加大枣树保护力度，对670余株五百年以上古枣树建档立卡、挂牌保护。依托母子枣树景点，建设母子枣树广场，投资200余万元建成全市首个"枣乡记忆"主题展览馆，展示面积300余平方米，通过枣宝天华、古树神韵、人杰地灵和枣乡之梦四个单元，集中展示枣树特色及枣乡人民对枣树的情怀。立足古枣树资源，建设枣乡民宿集群，创作枣农打枣、老牛拉车等3D立体墙绘，设置铁艺景观小品等。二是创新开发系列文创活动和文创产品。开发枣花蜜、醉枣、枣木工艺品等红枣特色文创产品。传承推动非物质文化遗产产业化，试点推广金丝小枣酿酒传统工艺，建设豆工坊、铁匠铺、弓坊等。创建"农民画院"，引导扶持枣乡农民画，聘请专业教师免费对村民进行授课，将村民创作的优秀书画以每幅60元的价格回收，实现农民增收与文化发展共赢。举办枣花节、枣文化节、采收枣开杆节、品尝枣长桌宴等系列节庆活动，宣传枣文化。

三、经验启示

（一）向枣树要利润，做活"枣"字文章。一是在合作社提质扩面上下足功夫。吸引更多村民及其所拥有的枣树入社，纳入到合作社统一管护范畴。建设枣树智慧大棚项目，总投资1.3亿元，4年时间完成600余公顷的乐陵富硒金丝小枣智慧大棚建设，全面提升红枣品质，延长红枣生长周期。引进元红、金丝四号等红枣新品种，

并改良现有品种,使其与枣树智慧大棚相互配合,确保红枣品质提升。二是在专业化服务队伍建设上做足文章。在用好合作联社建设的两支专业化服务队伍基础上,进一步组建村级枣树管护专业化服务队,挑选懂枣树的枣农入队,并对其进行更精细化、专业化、科技化的培训,确保枣树管护有专业服务力量支撑。实现枣树管护机械化,用好合作联社购置的50台各式设备,推进枣树管护向机械化、高速化方向发展。深化与大疆农业的合作,持续用好无人机飞防作业。三是在自身营销网络建设上不断创新。优化"订单农业",与更多的公司签订红枣销售合同,确保"点对点"式供枣,实现从"枣树"到"车间"的无缝对接。提升线上销售量,通过快手、抖音平台直播带货等,既把小枣卖出去,更要把乐陵金丝小枣品牌推介出去。做好金丝小枣直营店建设,通过直营直销,确保顾客买到正宗的乐陵金丝小枣，进一步打响金丝小枣品牌。

（二）向旅游要效益，做好旅游文章。一是持续擦亮"枣乡人家"旅游品牌。依托王双志村的枣乡记忆馆、母子树，以及前周村、后周村的冀鲁边民兵拓展训练基地，三个村子共同融合组建了"枣乡人家"旅游品牌，做到有观光、有体验，持续提升品牌吸引力。建设好枣乡书画院，把其纳入到乡村旅游范畴。开发与保护并重，加大古枣树保护力度。二是做好节庆活动宣传。借助枣花节，打出"谈小枣必谈乐陵，赏枣花须到朱集"的口号，吸引更多游客到王双志村赏枣花、看美景。通过枣博会，使游客能够更深地体会千年枣林的历史沧桑和独特魅力。利用开杆节，让游客与枣树实现"零距离接触"，感受枣农的生活，体会丰收的喜悦。摆开长桌宴，让游客品尝枣乡美食，欣赏枣乡美景，畅谈枣乡未来，为静谧的枣林

点缀欢愉的色彩。三是打造好旅游精品路线。朱集镇党委政府正在重点打造古枣乐园项目；并对后周村旅游进行优化，规划建设百工坊。王双志村正以此为契机，丰富枣酒、枣木制品等传统工艺，打造特色文创产品，丰富旅游元素，把自身融入到乡镇旅游整体规划，做成精品旅游路线上不可分割的一部分。

（三）向文化要精神，推进乡风文明。一是做好"三个最美"建设，立足"最美朱集、最美乡村、最美庭院"，全方位提升村容村貌和乡村文化水平。首先与朱集镇"最美朱集"建设相结合，同市镇干部一道，集思广益，统筹安排，建设新时代文明实践所等文化场所，进一步提升乡村文化水平；其次是紧扣"最美乡村"主题，进一步改善乡村人居环境，同时注重宣传，让新时代、新农村、新文化走进家家户户；最后注重"最美庭院"建设，评选人居环境好的农家作为标杆，发动群众提升家居环境。二是做好乡村文化队伍建设，组建村秧歌队、广场舞队等，不仅锻炼农民体魄，同时丰富其精神世界，助力乡村文化建设。三是做好各种文化艺术活动，以文化宣传栏等方式，传承优秀传统文化，丰富乡村的文化土壤，同时注意发现并挖掘本土文化人才，吸引各方艺术家写生指导，不断丰富村民精神文化生活。

四、主要成效

王双志村通过党支部推动红枣产业、旅游产业、文化事业融合发展，构建起"红枣＋文化＋旅游"三位一体融合高质量发展新模式，实现了脱贫致富，释放出了乡村发展新活力。

以促进贫困户增收为要义。在合作社成立之初，村里就吸纳15户贫困户全部入社，每年每户可获得近2000元分红。同时，从集体收入中拿出部分资金，免费配送农资，协助电商销售，帮助他们尽快脱贫。利用光伏扶贫资金，投资80余万元建成了全省首家光伏枣树大棚，实施了屋顶式光伏发电，使贫困户年人均增收1380元。建起了电子商务公共服务中心，在镇电商带头人刘春峰的支持下，对村里有能力、有意愿的贫困户优先培训，带动3户贫困户进行红枣网上售卖，每户年增收2万元以上。吸纳2户贫困户务工，带动3户办起了农家乐。

以产业融合发展带动村民能力提升。村民付东良是种枣大户，也是依靠红枣发家致富的典型，他通过淘宝店、"订单农业"和景点售卖等多种途径，2020年仅红枣销售就收入近10万元。村民卢洪飞是村里率先探索"林下经济"的致富能手，在自家的枣树地里种植1公顷油菜，仅油菜一项就增收2万余元，再加上红枣售卖、集体分红和其他经营活动，一年收入近15万元，成了全村的致富标兵。

经过几年发展，产业扶贫成果丰硕，昔日的穷村旧貌换新颜。目前，全村修建了道路，实现了道路全硬化，安装了自来水，实现了24小时不间断供水。2020年，在合作社统一管理下，王双志村红枣总产量35万余公斤，收入300余万元，其中通过"订单农业"销售红枣10万余公斤。当年，村民人均可支配收入达到22341元，超出山东省乐陵市农民人均可支配收入30.2%。通过构建红枣产业振兴新模式，王双志村摆脱了贫困，走上了富裕道路。

典型故事

宋洪泉，男，1968年2月出生，2015年10月加入中国共产党，现任朱集镇王双志村党支部书记。近年来，宋洪泉带领王双志村党支部，以党建为引领，积极探索乡村振兴特色模式，激发乡村活力。2021年王双志村入选"首批山东省景区化村庄"。

紧扣党建主题，发挥乡村振兴引领作用。宋洪泉带领王双志村在全镇率先试点农村党支部领创办红枣合作社，成立枣树管理专业化服务队，将村内枣树统一流转管护，积极发展"订单农业"，探索枣花、枣药间作等林下经济，促进村集体和村民实现双增收。2020年5月，在市镇两级支持下，王双志村引入四季和顺健康产业有限公司，投资1300万元建设了枣树智慧大棚6.67公顷，实现了枣树的避雨及防虫栽培，通风、灌溉、光照智慧化，提早了枣果成熟期，大大提升了枣果品质；积极推动枣区新能源建设，借助专项资金，投资80多万元建成全省首家光伏枣树大棚示范项目，收获了良好的经济效益和生态示范效应。

坚持党建引领，深化文明乡风创建工作。宋洪泉带领村干部和村民，大力推进乡村文化振兴，精心组织文化活动，焕发乡风文明新气象，使村民素质得到整体提升。近年来，王双志村建设了新时代文明实践站、枣乡农民书画院等，聘请专业教师教授村民书画知识，不仅丰富村民文化生活，也带动了村民增收。高标准建设"365"暖留中心，包括儿童活动室、妇女活动室、老人活动室等场所，实现了留守人员有人管、有人帮、有保障。为弘扬"枣乡人家"品牌，村党支部带领村民先后建起枣乡记忆馆、母子枣树广场等，完善了旅游特色景点建设；建设豆工坊、铁匠铺、弓坊等百工坊传统项目，丰富了旅游特色景点内容；展示金丝小枣酿酒及制醋等传统工艺，借鉴挖掘中国药食同源的食疗文化；积极参与一年一度的枣花节、小枣文化节，开展枣采收开杆节、长桌宴等系列节庆活动，以枣为媒广聚四海宾朋；成功举办了2020年中央电视台"丰收中国万里行"现场直播活动。

小刺梨的华丽转身
——贵州省贵定县刺梨产业减贫惠农案例

焦点观察： 在深入调研的基础上，贵州省贵定县发现问题并解决问题，坚持经济发展与生态保护并重，立足本地特色农业发展优势，把培育壮大刺梨产业作为群众脱贫致富的重要途径，让"荒山野林"变成了"金山银山"。通过扩规模、提质量、强加工、建标准、创品牌、拓市场，刺梨产业从小到大，逐步发展成为贵定县脱贫攻坚的主要支柱产业。6年时间，刺梨种植面积从0.17万公顷到1.2万公顷，鲜果产值从300万元到1.1亿元，加工产值8亿元，户均增收5030元，产业发展高效，农民也得到了实惠。

一、发展背景

贵定县位于贵州省中部，隶属黔南苗族布依族自治州，面积1631平方公里，辖6镇2街道95个行政村。全县总人口30万，农村人口24.76万，其中苗族、布依族等少数民族人口占51%。2014年，全县农村居民人均可支配收入7210元。同年贵定县被列为滇桂黔石漠化集中连片贫困县，共识别8个贫困乡、51个贫困村，识别建档立卡贫困人口12408户45540人，全县贫困发生率18.38%。

2014年前，全县水果种植主要以农户自行种植酥李、梨、柑橘为主，呈零星分布，管理也较为粗放。在巩固退耕还林成果等项目建设支持下，2014年刺梨种植面积0.17万公顷，初挂果面积666.7公顷，建有刺梨示范基地3个，当年采收刺梨鲜果1000吨，产值300万元，初现一定的规模效益。

2015年，县委县政府在调查研究的基础上，结合本县实际，决定将刺梨产业确定为助推脱贫攻坚、发展农村经济的主导产业。刺梨种植优势在于：一是刺梨是食药两用水果，具有较高的药用价值和保健价值。刺梨的维生素C单位含量雄冠所有水果和蔬菜之首，具有较高的开发价值。二是刺梨是地方特色资源，具有得天独厚的资源开发优势。三是刺梨加工的果脯、果糖、果茶等系列产品受到消费者欢迎，具有较大的市场发展潜力。四是农村有大量待开发土地资源，可将资源优势转化为经济优势。

一路走来，目前贵定县刺梨栽种面积1.2万公顷。但在产业发展初期，的确面临一些难题：一是缺乏规划引领及政策支持，一定程度上影响了农民的积极性。二是种植技术人才缺乏，刺梨经营水平不高，产量不高，效益不明显。三是刺梨产业尚处于发展初期，产业链不完善，产品附加值不高。四是缺乏领军的龙头企业，从事刺梨加工的均是一些中小企业和民间加工小作坊，加工设备简陋，产品品质不高。缺少标准化的刺梨产业加工园区，不利于招商引资。五是没有统一的公共品牌，各家小企业、小作坊品牌杂乱，各自为政，难以形成集团效应。

二、主要做法

贵定县委县政府明确主要领导挂帅，分管领导负总责，县扶贫局、林业局、投促局、发改局、农业农村局等多部门联动，从政策制定、技术改良、龙头企业招引、园区建设等方面着手，做大做强刺梨产业。主要做法如下：

（一）强化政策支持，推进产业结构调整。先后出台了《贵定县人民政府关于加快刺梨产业发展的实施意见》《贵定县刺梨产业发展"十三五"规划》《贵定县刺梨产业助推脱贫攻坚三年行动方案（2017—2019）》《贵定县刺梨鲜果收购县级财政资金奖补办法》《贵定县加快推进农村产业结构调整推动产业革命助推脱贫攻坚的实施意见》《贵定县2020年刺梨产业推进实施方案》等，推动刺梨产业发展。2014年以后，实施巩固退耕还林成果、新一轮退耕还林、植被恢复造林、石漠化治理等项目，将生态保护与产业发展相结合，推动刺梨种植面积以每年0.13万—0.2万公顷的速度扩大，实现有土地、有意愿种植刺梨的农户全覆盖。

（二）强化生产管理，注重刺梨品质提升。在生产管理上，引导种植户多施有机肥，少施或不施化学肥料，严禁使用除草剂，以提高刺梨品质。在病虫害防治上，大力推广使用物理防治和生物防治等绿色综合防控技术，实现绿色防控全覆盖；明确禁止使用高毒、高残留农药，一经发现，拒绝收购。根据刺梨产业发展规划，在全县范围内新建刺梨种植示范基地，推动刺梨标准化、规范化、绿色化种植。年均安排刺梨提质增效建设项目 0.2 万公顷，对低产低效林地进行提质增效改造。

（三）加强招商引资，促进产销对接。2013 年，在沿山镇规划建设以刺梨加工为主的农林科技产业园区，园区规划面积 66.7 公顷，其中一期工程 20 公顷，于 2015 年建成并投入使用，园区的建成为招商引资和刺梨加工企业入驻创造了条件。园区先后引进了贵州山王果健康实业发展有限公司、贵州天泷集团投资开发有限公司等 5 家刺梨加工企业，延伸了产业链。出台刺梨鲜果收购奖补办法，既保证了农户利益，提高了种植积极性，也解决了企业加工原料问题。通过政府搭台，推动刺梨加工企业与广药集团建立合作营销平台。支持刺梨企业与沃尔玛、家乐福等大型超市合作，开设贵定刺梨专柜。引导省外经销商经销贵定刺梨产品，新建专卖店、体验店等营销网点，在淘宝、天猫、阿里巴巴、京东和苏宁易购等国内主要电商平台营销贵定刺梨产品，通过直播带货、微商销售、社交平台等模式促进线上线下销售。

（四）优化利益联结机制，助力贫困群众稳定脱贫。贵州山王果健康实业发展有限公司采取"企业＋农户＋基地"的发展模式，

通过合同招聘固定员工、订单收购刺梨等联结方式带动农户2000余户；通过项目设备折股量化等股份合作联结方式带动农户24户；通过使用临时季节工进行刺梨种植基地管理带动农户1273户，直接带动农户增收5000余万元。贵州天泷集团投资开发有限公司采取"龙头企业+专业合作社+农户"的模式，在贵定县自建有机生态刺梨种植基地0.1万公顷，与合作社、种植户共同发展生态刺梨基地0.16万公顷，惠及农户近4000户；与4个刺梨种植村及合作社签订长期监管和保底收购协议，累计解决农村劳动力务工3万人次，农户获得土地流转收入310万元、劳务收入600余万元。

三、主要成效

通过6年努力，贵定县已实现镇镇有刺梨、村村得实惠，刺梨

产业在助推脱贫攻坚过程中成果显著。

（一）刺梨种植实现规模化。全县累计种植刺梨 1.2 万公顷，覆盖全县 8 个镇（街道），89 个行政村，占全县行政村的 93.7%，受益农户 21870 户。建有 133.3 公顷以上的刺梨专业村 15 个，成立刺梨种植专业合作社 6 个。2020 年，刺梨鲜果产量 3.75 万吨、销售产值 1.1 亿元以上，种植户户均增收 5030 元。

（二）刺梨生产实现产业化。目前，全县已建成投产并取得 SC 认证的刺梨加工企业 7 家、加工作坊 60 家，年加工刺梨鲜果超过 8 万吨。2020 年加工刺梨鲜果 4.5 万吨，生产原汁 1 万吨，果脯系列 2000 吨，产值 9.7 亿元。主要产品有天然刺梨果汁、饮料、果脯、果糖、口服液、罐头、果茶、果汁配制酒、发酵酒、冻干片、保健品等，刺梨产业实现了从原料生产向深加工转变。

（三）刺梨产品实现品牌化。目前，全县注册了山王果牌、贵山果牌、天泷神酒牌、敏子牌、媗姨妈牌、高原苗香牌等刺梨产品商标，其中，山王果牌刺梨原汁系列产品受到消费者青睐，敏子牌刺梨干及刺梨原汁获黔南州2016年十大农特产品称号，高原苗香牌刺梨干获第四届"多彩贵州"旅游商品地方特色奖。2017年，贵定县被中国经济林协会命名为"中国刺梨名县"。2018年，贵定县被授予全国第一个森林生态标志产品创建试点县，山王果、天泷、敏子等13家刺梨加工企业被授予全国森林生态标志产品创建试点单位。

典型故事

火炬村位于贵定县昌明镇，该村的特点是山多、土多、田少。长期以来，该村主要以种植玉米、烤烟为主要经济来源，交通落后、信息闭塞，群众生活困难。从2010年开始，在老支书彭玉先的带领下，该村开始寻找治贫的突破口。经多次赴县外、省内调研考察，在县林业科技人员指导下，火炬村最终选择了本地优势资源刺梨作为发展农村经济的主要产业。此后，该村刺梨产业快速发展。2011—2017年，先后种植刺梨333.3公顷，建立刺梨良种苗圃基地6.7公顷，并于2014年成立了刺梨专业合作社。全村98%的农户种刺梨，户均种植1.3公顷以上，成了名副其实的刺梨种植专业村。

依靠种植刺梨，火炬村走上了产业发展的康庄大道。

2020年，该村刺梨挂果面积100公顷，鲜果产量1250吨，销售产值625万元，户均增收5万元以上。现在，火炬村95%的农户建了新房或购买了商品房，80%的农户买了汽车。该村集体经济实现了从"空壳村"到年收入40余万元的华丽转变。

柑橘撑起乡村发展一片天
——云南省新平彝族傣族自治县柑橘产业减贫惠农案例

焦点观察： 云南省新平彝族傣族自治县贫困人口多、贫困程度深、脱贫任务艰巨。新平县政府脱贫攻坚与生态建设相结合，生态建设与主导产业培育相结合，依托"一县一业"，瞄准做好新平柑橘品牌，既带动了生态环境改善，又促进了群众持续增收。新平柑橘的发展模式还得益于总体科学规划，加上科技支撑和资金扶持的持续发力，再通过复制褚橙模式，逐步形成了"新平橙"区域公共品牌，带贫效果显著。新平柑橘的发展实践表明，生态建设、产业发展、脱贫致富可以融合发展。而潘思德的故事，也表明青年农民唯有主动付出、敢想敢干，才能收获幸福生活。

一、发展背景

云南省新平彝族傣族自治县是全省 59 个革命老区县之一,集革命老区、少数民族地区、贫困山区于一体,彝族、傣族人口占全县总人口 65.4%。新平县是玉溪市七县二区中贫困人口最多、贫困程度最深、脱贫任务最艰巨的县。脱贫攻坚以来,新平县充分利用嘎洒、漠沙、水塘等红河谷流域热区资源优势,借助"褚橙之乡"的品牌影响力,把柑橘作为支柱产业和重点扶贫产业来抓。但是,在推进过程中面临产业组织化程度不高、农业规模经营比重低、新型经营主体培育不足、产业融合发展层次低等制约因素。

基于此,玉溪市、新平县市县联动,以打造世界一流"绿色食品牌"和开发红河谷—绿汁江热区经济带为抓手,在政策扶持、规划引领、效益驱动、主体培育、品牌示范上下功夫,积极探索经营主体带动,创新利益联结,坚持捆绑抱团发展等多种产业扶贫模式,不断提升

柑橘产业扶贫质量效益，念活"山字经"，做好"橘文章"。

二、主要做法

（一）规划引领，调优结构做强产业。按照绿色生态、立体发展，调优结构、融合发展的思路，市县两级先后编制了《玉溪市柑橘产业发展规划（2017—2025年）》《新平县"十三五"高原特色产业发展规划》《新平彝族傣族自治县柑橘产业发展规划（2013—2025）》等。明确以红河谷—绿汁江流域为重点，把新平柑橘产业打造成云南高原特色农业示范产业，积极推广优良品种，不断调整优化种植结构，以规模化种植、标准化生产、集约化经营、产业化发展为重点，整合基地、整合资金、整合市场，持续推动新平柑橘健康快速发展。目前，新平县已成为云南柑橘种植面积第一大县，柑橘种植面积0.93万公顷（其中冰糖橙5160.3公顷，占柑橘总面积的55.26%）。2020年全县柑橘挂果面积0.73万公顷，柑橘产量1.9亿公斤，产值9.6亿元，占全县水果总产值的77.23%。2019年，新平县被认定为云南省"一县一业"特色县（柑橘），2021年被认定为云南省"一县一业（柑橘）"示范县。

（二）精细探索，创新带贫益贫模式。针对产业组织化程度低、合作经济组织带贫效果不明显的问题，新平县加大农业龙头企业、农民专业合作社、家庭农场、种养大户等新型经营主体培育力度，加强产业发展的经营机制、运行机制、利益分配机制研究，确保新型农业经营主体对有产业发展条件的建档立卡贫困户全覆盖。目前，全县共培育新型经营主体222家,其中省级重点龙头企业4家、市级重点龙头企业3家,企业种植面积0.63万公顷,占全县柑橘总面积的69%。培育销售收入过亿元的龙头企业1家(新平褚氏农业有限公司)。在"褚橙"模式带动下,全县柑橘产业形成了"公司＋基地＋农户"等利益联结机制。其中,柑橘产业带贫的主体10个(企业8个,合作社2个),带动贫困户366户1247人。截至2020年底,在规模化柑橘种植基地稳定就业的农业产业工人4600余人。褚橙基地农业产业工人户均(2人)收入10万元,最高的达16万元。

(三)加大投入,激发产业发展活力。产业培育是个长期系统工程,需要"真金白银"的投入,且要防止扶贫资金"撒胡椒面"。2012—2015年,新平县级财政每年投入不少于300万元支持柑橘产业发展;对柑橘种植大户和种植企业,利用县级"惠农贷"项目给予融资支持;2017—2019年实施了省级农业生产发展专项——新平

县水果强县项目,每年省财政补助资金 300 万元,重点扶持柑橘提质增效;出台《新平县培育新型经营主体带动建档立卡贫困户发展农业产业扶持奖励实施方案》,对全县 6 个带贫新型经营主体奖励 104.35 万元。通过上述措施,千方百计稳固产业资金链条,充分激活各类新型经营主体发展产业及带贫益贫积极性。

(四)授人以渔,提质升级打造品牌。新平县与中国柑橘研究所、云南省热带亚热带经济作物研究所等科研单位开展产学研合作,建立了"中国农科院柑橘研究所滇南热区现代柑橘试验站""云南省专家基层科研工作站——岳建强工作站"等技术研发、推广平台,为柑橘产业发展引入了国内一流的专业智力支撑。在此基础上,认真落实产业发展指导员制度,依托市、县(市、区)农业技术推广服务机构和产业专家组、科技服务团队,针对全县柑橘产业发展中存在的科技薄弱环节,每年对种植企业(含专业合作社等)、种植户和乡镇科技人员进行培训,并聘请专家对标准化建园、规范化管理、病虫害防治等进行讲授和实地指导,及时解决生产中出现的技术疑难问题,提高橘农管理技术。截至 2020 年底,全县获得绿色食品认证柑橘生产企业 17 家,产品 33 个,认证面积 2467 公顷,占水果绿色食品认证面积的 90%,打造了"褚橙""褚柑""高原王子"等一批柑橘品牌,成功注册了"新平柑橘"地理标志区域公共品牌。

三、主要成效

通过多年努力,新平县实现了变山地"劣势"为资源优势。通过脱贫攻坚与生态建设相结合，生态建设与主导产业培育相结合，带动了生态环境不断改善和群众持续增收。截至 2020 年底，全县累计脱贫 3167 户 11084 人，贫困乡镇、贫困村全部脱贫摘帽。

（一）振兴生态与振兴经济共赢。靠单品水果柑橘，新平创造了一个村实现了 5000 万元产值，一个县种植柑橘 0.93 万公顷、产值近 10 亿元的奇迹。柑橘，给新平县带来了云南十大名果"褚橙"的称号。新平柑橘种植面积和产量分居全省第一位和第二位。同时，全县一座座由橘林梯田构筑而成的"橘山"蔓延铺展，改变了以往村里烤烟、甘蔗一季一收后，光秃秃的地表裸露无遗，晴天一身灰，雨来一身泥，雨季还时有滑坡险情发生的状况。如今，成片的橘林给光秃秃的山地穿上了固土保水的生态绿衣，带着村民走上了致富路。

（二）产业发展与产业扶贫融合。"过去是农忙忙一头，农闲喝酒烤太阳，雨水好生活还过得去，雨水不好吃饭都难。"磨皮村民委员会新村小组的村民龙金才说，"2014 年，我们家将 3.3 公顷土地流转给云南传承果品有限责任公司，一年有 35158 元的土地流转费，土地流转资金 5 年一付，每期租金上浮 10%。土地流转之后，我们一家在基地管护两个单元的果树，2014—2019 年 9 月按月支付管护工资，试挂果后实行工资加提成。2019 年 10 月后实行以产量支付待遇，每采交 1 公斤鲜果支付给我们 0.9 元的摘果提成，2019—2020 年实现 142200 元的果树管护摘果提成，收入一年比一年高，这样的日子有奔头。"依靠发展柑橘产业，磨皮村全村建档立卡贫困户 53 户 199 人于 2020 年全面脱贫。2020 年该村农民人均纯收入 12276 元，当地农民累计新建住房191幢，购置生活用车183辆、两轮摩托车230辆，生活得到极大改善。

（三）产业帮扶向产业振兴转变。柑橘研发中心、种苗中心、销售中心等已相继落地新平。下一步，将逐步统一使用品牌地域标识，并推广褚橙管理模式，形成新平有代表性的林果产业；同时推动品种培育、品质提升、品牌打造和标准化生产，持续加快打造高端水果基地，不断增强绿色有机果品供给能力，做好果商文旅融合的文章，以产业融合加快产业振兴，以产业振兴推动乡村振兴。

典型故事

潘思德，男，彝族，出生于1992年，云南省玉溪市新平县水塘镇人。因家境贫寒高中肄业后，为了早日摆脱贫困，他凭着一股初生牛犊不服输的劲头，凭着吃苦耐劳和聪明才智，走上了冰糖橙种植创业之路。2015年7月，他创办了新平哀牢潘橙果业有限公司，公司入选云南省科技型中小企业、新平柑橘产业发展协会副会长单位。

种"活"一棵树。种冰糖橙跟绣花一样，是个技术活。潘思德凭着一股闯劲，从基础的开荒、种植，到选果、包装、销售一步步学。为走好每一步，他到褚氏农业打工，到广西、湖南、重庆、华宁等地学习经验。经过几年学习，他逐渐掌握了冰糖橙种管技术。创业之初，由于资金不足,他一铲一锄,硬是把自家承包的2公顷山地从荒山变成果园。随着种植与管理技术不断成熟,他又从当地农户手中承包了百余亩荒山进行开发种植,冰糖橙这棵树被他种"活"了。

创造一个品牌。2014年,随着果园面积不断扩大,冰糖橙是种出来了,销路却出现了问题,如何与市面上的品牌竞争?为使品牌走出去,他驻扎在昆明、玉溪等大型水果批发市场,寻找当地的水果批发商合作,但是很多批发商没听过"哀牢潘橙",很多人嘴上答应,但却没有说要预订。直到11月份,水果采摘时节,陆陆续续有省内外的商人到果园进行采购,他的冰糖橙全部卖出去了。经销商都说非常好卖,消费者的口碑很好,说"哀牢潘橙"的口感非常接近时下最好的"褚橙"品牌。这给潘思德很大鼓舞,他决定加大投资,好的品质才是"哀牢潘橙"走出去的最好招牌。

拓展一条商路。为了扩展省外市场,潘思德凭借摸着石头过河的闯劲,在成都和重庆的水果批发市场,一待就是十多天,找多个商家谈判合作。虽然连连碰壁,但他从不向困难低头。在他不懈努力下,"哀牢潘橙"一炮走红,在市场上获得了广泛青睐,走进了北京、上海、成都、重庆、武汉、浙江、西安等大城市。名不见经传的小地方水果闯出了知名度。

带动一方农户。潘思德积极带动周边农户扩大种植,对农户进行技术和果园管理指导，并推行"公司＋农户＋电商"模式。在水果上市季节，他帮扶周边果农线上销售冰糖橙 460 吨，线下销售 840 吨，解决了果农销路问题。他的公司不仅带动了当地柑橘产业发展，还为基地及周边群众提供了 200 个以上的就业岗位，让当地群众就近就地打工增加收入。2019 年，他的公司成立了扶贫车间，招用建档立卡贫困户务工，让贫困户既能照顾家人，又能在公司上班，增加了收入。

如今，新平哀牢潘橙果业有限公司已发展成为集柑橘种植管理、采集加工、包装销售、代办服务、塑框生产与销售为一体的企业，为当地做大做强柑橘产业做出了积极贡献。

沙棘果成为"富民果"

——新疆维吾尔自治区阿合奇县沙棘产业减贫惠农案例

焦点观察： 新疆维吾尔自治区阿合奇县位于天山西部南脉腹地，有"九山半水半分田"之称，自然生态脆弱。"绿水青山就是金山银山"，阿合奇县结合当地资源条件，积极种植大果沙棘，按照政府扶持、示范带动、合作社引领、贫困户参与的发展思路，打造了种植沙棘—壮大生态—发展产业—农民增收的绿色发展产业链。依靠沙棘产业，阿合奇县实现了生态效益与经济效益同步提升，呈现出生态脱贫与生态保护双赢的良好发展局面。

一、发展背景

阿合奇县位于天山西部南脉腹地，地处高寒山区，县境海拔在1730—5958米之间，面积1.68万平方公里，属中温带大陆性干旱气候，当地"长冬无夏，春秋相连"，昼夜温差较大。地形呈"两山夹一谷"，全境均属山间河谷地带，有"九山半水半分田"之称。全县总人口4.6万，主要由柯、汉、维、回四个民族组成，其中，柯尔克孜族占总人口的86%。2014年，全县贫困人口3656户15273人，占总人口的33.2%。贫困程度深，扶贫难度大。

沙棘系落叶灌木，根系发达，生长迅速，抗干旱风沙，耐盐碱，耐土壤贫瘠，御严寒酷暑，具有保持水土、防风固沙、改良土壤等特点。在众多造林绿化树种中，沙棘是新疆生态环保工程的先锋树种。特别是阿合奇县土地贫瘠，基本不适合其他农作物生长。但是，阿合奇县土壤以沙质碱性为主，种植的沙棘具有刺少、果大、汁多、含油高、产量高、品质好等优势。2006年，阿合奇县引进种植了26.6公顷大果沙棘，2008年开始挂果，现已进入盛果期，单株产量达到30公斤，是野生沙棘的8—10倍。2010年，阿合奇县开始大规模栽植沙棘，至2020年已建成0.67万公顷大果沙棘基地，挂果面积0.5万公顷。

二、主要做法

近年来，阿合奇县把发展沙棘产业作为壮大生态资源、夯实脱贫基础、增加农民收入的重点工程来抓。

（一）因地制宜定政策。寻求生态治理和巩固脱贫成果相结合的新方法、新举措，阿合奇县出台了《扶持沙棘产业发展的实施意见》和《沙棘种植示范基地实施方案》，把沙棘产业确立为主导产业，列为全县生态工程之一。按照政府扶持、示范带动、合作社引领、贫困户参与、逐年扩大的发展思路，打造种植沙棘—壮大生态—发展产业—农民增收的良性发展产业链，推动沙棘产业做大做强。积极探索推广种植生态适应能力强、营养和产品附加值高的大果沙棘。推动沙棘种苗繁育、种植管理、产品加工、产业化发展，促进沙棘产业集群化、规模化发展。

（二）延伸链条增产值。重视科学技术推广和科研成果转化，促进资源优势向经济优势转化。不断扩大生产规模，开发新的经济增长点，带动更多农牧民增收，在全县建立大果沙棘加工企业，边研究、边建设、边发展，逐步做大基地、做精加工、做深科研，延长产业链，促进种、产、研、销一体化发展。确保沙棘产业向标准化、规范化、科学化方向发展，壮大苗木繁育、栽植、加工、科研四大基地。根据沙棘产业发展需要，强化高端设备投入，开发沙棘粉、沙棘果油等系列产品，促进沙棘叶综合利用和深加工技术开发，做好沙棘黄酮的提取综合利用，推动产品开发向化妆品和保健食品延伸，不断提高沙棘产品附加值。

（三）引进企业促增收。完善优惠扶持政策，引进新疆中科沙棘科技有限公司等企业，促进产业发展。采用"公司＋合作社＋基地＋农户"模式，建立农业产业化联合体。公司与沙棘种植农户本着平等互利的原则达成收购协议，农牧民负责种植管护，公司负责提供技术指导服务；公司按市场价格收购农牧民种植的沙棘果；公司将剩余的沙棘果皮渣无偿提供给合作社作为饲料，使农户、基地、合作社与公司的利益紧密结合，带动农牧民增收。

三、主要成效

阿合奇县将大果沙棘作为特色林果业的主栽品种进行推广种植，既增加了林木面积，提高了植被覆盖率和土地蓄水量，有效改善了生态环境，又充分利用了山岭荒地，使资源优势转化成产业优势，并发展成为农牧民脱贫致富和当地经济发展的支柱产业。

（一）产业发展助力农民增收、农业增效。经过几年发展，沙棘资源利用率和经济效益不断提高，初步形成了产、供、销产业链，大果沙棘成为戈壁荒滩上的"明星"产业。"我们这里的气候土壤非常适宜种植沙棘，这些沙棘林挂果后我就可以入股分红了，真是想不到的好事。"正在沙棘地干活的哈拉奇乡村民朱马吐尔地·朱马巴依兴奋地说。原来是阿合奇县农产品加工龙头企业新疆中科沙棘科技有限公司通过与农牧民签订收购合同，实现了双赢合作。2020年，公司带动3000余农牧民增收（其中贫困户1820人），人均增收1000余元。使农牧民实现了"牧民"向"工人"、"低收入"向"高收入"的转变。

（二）采用新型管护模式带动就业增收。引进新疆春晓农业科技有限公司代理管护400公顷戈壁沙棘。该公司采取"农户＋村委会+企业"的模式，企业负责沙棘基地的管理维护，村委会负责组织农牧民参与沙棘维护、管理、修枝整形、采摘等全过程。目前，该公司长期用工30人，短期浇水、修枝整形用工2000余人次。按照100元/人/天的标准发放劳务费，农牧民可增收50余万元，户均增收约1500元。2021年，该公司已挂果的333公顷沙棘预计可采摘200余吨，可创收150余万元，农牧民户均可增收4000余元。

（三）技能培训提升贫困群众就业能力。组织企业间开展技术交流，同时依托当地林业站、地州林科所、科研院校，邀请专家到企业进行培训指导。鼓励企业技术人员面向农牧民进行培训，培养农牧民专业技术人员，已免费培训农牧民196人次，培养农牧民技术骨干29人，有效提升了贫困群众的技术水平，帮扶贫困群众实现了就业稳增收。

典型故事

清晨的第一束光打在黄灿灿的沙棘果上时，沙棘地里早已有了许多忙碌的人，阿合奇县色帕巴依乡阿果依村大学生古丽斯玛丽·肉孜巴依就是其中一员。她今年马上就读大四了，但却是一个沙棘采摘老手，现在她每天至少能采摘30公斤沙棘纯果。

古丽斯玛丽·肉孜巴依，家有5口人，2014年她家被纳入了建档立卡贫困户系统。国家针对贫困户的各种帮扶措施让他们的生活有了很大改变。2018年夏天，色帕巴依乡组织贫困户采摘沙棘,不限性别和年龄,正放假在家的古丽斯玛丽知道后,想着这真是他们家的一场及时雨啊,便赶紧跟妈妈说自己要和她一起去采摘。8月骄阳当头,古丽斯玛丽带着弟弟妹妹,跟妈妈一起顶着太阳被晒得黝黑。沙棘采摘结束后,她们十来天时间就挣了23000元,一家人喜出望外。

像古丽斯玛丽这样通过采摘沙棘脱贫的贫困户家庭还有255户,收益达50余万元。2018年以来,沙棘采摘带动全乡农牧民307户458人收入200余万元。除了采摘之外,沙棘管护还解决了部分贫困户的就业增收问题。从事沙棘管护的贫困人口100名,收益100余万元/年。

第三篇 以人的自主发展为中心

"没有比人更高的山,没有比脚更长的路。要做好对贫困地区干部群众的宣传、教育、培训、组织工作,让他们的心热起来、行动起来,引导他们树立'宁愿苦干、不愿苦熬'的观念,自力更生、艰苦奋斗,靠辛勤劳动改变贫困落后面貌。"扶贫,必须激发贫困人口发展生产、脱贫致富的主动性,激发他们自力更生的意识和观念,激发他们走上自主发展、勤劳致富的道路。

梨果撑起脱贫梦
——山西省隰县玉露香梨产业减贫惠农案例

焦点观察： 中国减贫，强调脱真贫、真脱贫、不返贫。"脱贫致富终究要靠贫困群众用自己的辛勤劳动来实现"。为此，减贫过程中，各地在加强政策、资金支持的同时，尤其注重扶贫与扶志扶智相结合。隰县玉露香梨的发展、普通村民张保平的致富历程充分体现了这一点。政府仅能提供政策方向，通过教育和培训，提高贫困户自我发展能力，激发其摆脱贫困的志向，从"要我富"到"我要富"，应用爱学习、会钻研的智慧，以及艰苦奋斗、自力更生、辛勤劳作的精神，才是减贫的内生发展动力，是保证减贫可持续性的关键。

国家主席习近平指出,"发展产业是实现脱贫的根本之策,要把培育产业作为脱贫攻坚的根本出路"。隰县县委县政府坚持"以梨为基,多元发展",紧盯"主攻玉露香,率先达小康"的奋斗目标,强力推进玉露香梨产业发展,助力全县脱贫攻坚,使产业发展与脱贫攻坚相黏合。

一、得天独厚的地域条件

隰县有得天独厚的自然优势,土地广袤、土质疏松、土层厚沃,大部分地区海拔在1000—1300米。这里气候温和,属于温带大陆性气候,南北年平均气温7—10℃。隰县光能资源尤其丰富,是山西省光能条件最好的地区之一,全年实际总日照数2740小时左右,适合梨树生长发育。隰县昼夜温差大,白天阳光直射力强,夜间地面散热较快,非常有利于梨果糖分的积累。独特的自然优势条件使隰县成为黄土高原优质梨果生产的核心地带。隰县是农业农村部划定的黄土高原梨果优势产业区,山西省政府划定的省中南部无公害果蔬高效产业区,临汾市政府确定的山西百万亩优质水果生产基地县。2010年,隰县被山西省政府确定为"一县一业"玉露香梨生产示范基地县,2017年获批国家生态原产地产品保护示范县。蓝天、净土、好人、美梨是现今隰县最真实的写照。

二、源远流长的栽培历史

梨是隰县的传统产业,栽培历史悠久。《诗经·秦风》的晨风篇中就有"山有苞棣，隰有树檖（梨）"的记载。早在 2500 年前，隰县已经有了梨树栽植。明清年间，隰县金梨闻名大江南北，以色泽好、个头大、含糖高、甜度大，得到客商的认可和达官贵人的青睐，不仅成为贡品，也是民间很多地方逢年过节的礼品。时至今日，路家峪村仍保有 200 多年历史的老梨树。1949 年前，凡是富裕的村、富裕的户，均有梨园。上世纪 80 年代中期开始，农村里凡是修窑盖房的户，在县城购买楼房的户，绝大部分都有果园。

隰县金梨美名远扬，延续历代，拥有深厚的文化底蕴；隰县梨农代代相传的勤劳与智慧，对梨果业的珍视和憧憬，为当代梨业发展奠定了坚实基础。2008 年，隰县玉露香梨获北京奥运会果品推介评选一等奖，2013 年获"中华梨王称号"。2020 年，在中国农业品牌盛典上，隰县玉露香梨入选第一批中国农业区域公用品牌目录，评估品牌价值 87.43 亿元。

三、主要做法

（一）持续的重视支持。改革开放以来，隰县历届县委县政府依托优势、发挥优势，抓梨果产业发展，一届接着一届抓，一任接着一任干，久久为功，持续发力。特别是新一届县委县政府以"两山"（绿水青山就是金山银山）理论为指导，举全县之力全力推进玉露香梨产业发展，把优势产业作为主导产业来抓。一是政策方面，先后制定出台了 20 多个支持文件，促进技术、资金、人才等向玉露香梨产业倾斜，工作人员向基层一线倾斜。二是资金方面，依托发展规划，在财政项目安排和资金投入上优先支持，做到所用资金渠道不乱、用途不变、统筹安排，捆绑使用涉农资金、项目资金，配套实施果路、果水、基础设施建设，改善果园生产条件。在县级财政收入不足亿元的情况下，连续 5 年每年拿出 1000 万元用于梨果产业发展，整合涉农资金 6.6 亿元，实施 210 个产业配套项目。除财政资金外，鼓励金融机构加大支持力度。有关金融机构创新金融扶贫模式，为贫困户、扶贫企业和合作社提供小额信贷和低息贷款 4.4 亿元。三是保险保障方面。支持梨农参保，县财政投入 690 余万元为农民提供农业保险补助。果园参保面积由 2015 年的 52.3 公顷，增至 2020 年的 7300 公顷。

（二）规范的标准化生产。果品品质直接关系到果品销售和果农收入。隰县持续优化梨果品质，实行校县联合，加强梨果产业技术培训，推进玉露香梨标准化建设，以标准促发展，以标准带增收。一是走绿色发展道路，坚持科学施肥，实施以果带畜、以畜带果、果畜结合，循环发展。二是做好标准化生产技术的实际推广应用。建立完善县、乡、村技术服务体系。县设果业局，各乡镇配果业站，村村都有农民技术员，指导果农科学生产。目前，全县农民果树技术人员 5000 余人，基本达到户户都有一名果树明白人。技术人员指导果农严格参照省级标准《隰县玉露香梨优质生产技术规程》《隰县玉露香梨质量要求》，喷洒药剂、冬浇、春浇、疏花、疏果、果实套袋、拉枝摘心、采收采摘，有效提高了果园标准化种植水平。三是抓好标准化生产示范园建设，建立 50 个 37.3 公顷玉露香梨标准化管理示范园，在示范园实行统一管理、统一标准、统一服务。在示范园的引领下，辐射了全县 2.5 万公顷梨果产业健康发展，确保了

玉露香梨品质的提升，使商品果率达到93%。

（三）创新应用数字手段。一是为切实保护玉露香梨品牌，建立隰县玉露香梨质量安全追溯体系，果农一户一码、一码终身，实现了玉露香梨生产可追溯、管理可追查、流通可追踪，农产品质量安全追溯管理比例达100%。二是建设电商销售渠道。与移动、联通、电信三大运营商签署战略合作协议，实现全县村村网络覆盖。创立原产地电商平台，依托"隰县在线"门户网站，配套微站，并开发电脑端和手机端App。搭建县、乡（镇）、村三级双向物流配送体系，与顺丰速运等合作建立物流分拣中心，实现了农村快递全覆盖。与浙江讯唯集团合作，创建了丽水电商学院隰县分院，成立了隰县电商扶贫培训基地，举办进阶培训、高端研修、外出游学、网上实操等，培养了一批农村电商带头人和培训导师，孵化出一批优秀电商企业。

目前，隰县共建立 1140 个电商创业团队，其中农村电商服务站 158 个，专业合作社 88 个，各类公司 39 个，个体户 842 个，建立了农村电商一条街，设立了隰县电子商务进农村综合示范公共服务中心，隰县电商进入全新发展时期。营销主体由以创客为主转变为"创客+公司"，销售平台由本土小平台扩展为与淘宝、京东等大平台合作，涌现出了王明明、王海萍、李欣月等一批农村电商创业能手和能人。2019 年，全县电商交易额 1.8 亿元，带动 373 人就业。

（四）有效的利益联结。梨果产业是劳动密集型、强度比较大的产业，隰县坚持政府主导、部门协作原则，建立了政策支持、实用技术、电子商务、劳务用工、品牌引领、企业+合作社、金融扶持、普惠服务八大利益联结机制，形成梨果产业"企业+合作社+能人大户+梨果基地"四大带贫模式，从梨果种植生产、物资供应、市场营销、务工增收等各环节入手，带动贫困户增收，收到了良好效果。2019 年，全县"公司+贫困户"带动 1181 户 2925 人，共增收 95 万元，户均增收 810 元/年，带动率 22%；"合作社+贫困户"带动 2501 户 8922 人，共增收 135 万元，户均增收 540 元/年，带动率 48%；"能人大户+贫困户"带动 1992 户 5515 人的管理技能提升，带动率 38%；"基地+贫困户"带动 328 户 931 人，共增收 98 万元，户均增收 3000 元/年，带动率 0.06%。

四、果业扶贫成效

截至目前，全县 80% 的土地种植果树，共有果树面积 2.5 万公顷，其中玉露香梨 1.5 万公顷，玉露香梨栽植面积居全国首位，实现了由传统产业向支柱产业的转变，以玉露香梨为主的梨果产业已经成为全县农民脱贫摘帽、致富增收的主导产业。

依靠梨果产业利益联结机制和带贫模式，隰县产业扶贫取得了以下成效。一是产业脱贫达到了"四个一批"，即政策性支持扶持脱贫一批、企业基地务工岗位就业脱贫一批、合作社入股分红脱贫一批、产业大户结对帮扶脱贫一批。二是实现了"三个覆盖"，即全县有 80% 以上的农民从事果业生产，有 80% 以上农业收入来源于果树，有 80% 的贫困户依靠梨果产业脱贫。三是取得了"四个成效"，全县梨果面积由 2013 年的 1.66 万公顷增至 2.53 万公顷，增加了 52%；全县从事梨果产业的农民由 2013 年的 4.8 万人增至 6.1 万人，增加了 27%；全县农民梨果人均收入由 2013 年的 4500 元增至

8200 元，增加了 82%；全县建档立卡的 7131 户贫困户，依托梨果产业直接和间接实现脱贫的有 5802 户 16293 人，约占 81%。

梨果产业不仅是隰县农民脱贫摘帽的优势产业，还是巩固脱贫成果的主导产业，更是走向未来实现隰县 8 万农民小康梦的支撑产业。

典型故事

张保平是隰县有名的产业致富带头人。2004 年，张保平在自家 0.08 公顷地里栽下 48 株"玉露香"梨树。10 年后，他的梨园进入盛果期，2017 年 48 株梨树产量 7500 公斤，收入 7.5 万元，轰动全县。

乡亲们讨要"绝招"时，他总笑着回应："听政府的、听专家的就对了！"在果园管理上，张保平始终坚持科学管理，不会就学，不懂就问。县里每年都要组织几十场果树相关培训，他场场都在，有时骑着摩托车跑几十里路也要赶去听课。县里组织外出参观学习，无论再忙他都要去。他还擅于把专家讲的、外地经验与自己的实践相结合，揣摩出自己独特的管理办法。2017 年，因栽植密度过大，他果断砍掉了果园里 18 株梨树，这被乡亲们视为一大壮举。同时，他还在果园采用了十余项精细化管理措施，有效提高了果园产量，他的做法受到专家高度认可。2020 年，张保平的 30 株梨树产出 9500 公斤，收入 7.8 万元。

近年来,他已经成了十里八乡有名的"土专家",经常给乡亲们提供技术指导,带领周边果农共同致富。像张保平这样的果树"土专家"、致富带头人,在隰县还有许许多多。他们正在用自己勤劳的双手,携手邻里乡亲,共同创造着产业致富的传奇。

"穷山沟"里走出大产业

——湖南省炎陵县黄桃产业减贫惠农案例

焦点观察： 炎陵黄桃产业的形成与发展，是政策支持、科技支撑、市场开拓和炎陵人勤劳进取共同作用的结果。炎陵黄桃基本形成了产品特色鲜明、竞争优势明显、品牌效应突出、综合效益可观的特色精品产业格局，成为该县农民增收致富的支柱产业，为山区发展特色精品水果、实现产业融合发展提供了典范。湖南省炎陵县的几个典型事例表明：政府（政策）领进门，脱贫靠个人。能否摆脱贫困，选对产业很重要，但是最终依靠的还是贫困户的内生发展动力，取决于是否有坚定的脱贫信念，是否能接受新观念、新技术，是否勤劳肯干。

一、发展背景

湖南省炎陵县地处罗霄山脉，辖 5 镇 5 乡 120 个行政村，总面积 2030 平方公里，总人口 20.4 万人，其中农业人口 16.2 万。炎陵县"八分半山一分田、半分水域和庄园"，大片土地少，灌溉条件差，平地仅占 4.3%，是典型的山区农业县。2015 年全县共有建档立卡贫困人口 23122 人，贫困发生率 8%。2018 年实现全面脱贫，2020 年全县农村居民人均可支配收入 10698 元，比 2015 年增长了 45%。

生态资源是炎陵的宝贵财富，生态是炎陵最大的品牌，炎陵扶贫开发的重点在特色农业。炎陵县于 1987 年引进锦绣黄桃品种，经多年选育改良，定名为"炎陵黄桃"。当地起伏的山地条件，土壤疏松肥沃，生态环境优良，充分满足了黄桃怕水不怕旱、怕热不怕冷的温光习性，造就了炎陵黄桃圆、亮、香、甜、脆的优异品质。

二、主要做法

（一）培育扶贫经济组织，与贫困户建立利益联结。强化经营主体与贫困人口进行增收对接，引导经营主体参与产业扶贫，督促扶贫经济组织与帮扶的贫困人口签订生产合作协议、委托帮扶协议、保底价收购协议、务工协议等，与贫困户建立利益联结。通过建立利益联结机制，拓宽了农民增收渠道，形成了以黄桃产业带动脱贫、推动乡村振兴的发展局面。炎陵县共认定扶贫经济组织 117 家，加

入或与其建立利益联结关系的贫困户5607户17267人。建设"一村一社",覆盖全县120个行政村,联结带动贫困户4824户18867人,使贫困户直接或间接增收524万元。

(二)发挥优良生态资源,实施绿色果品生产。2020年,实施果菜茶有机肥替代化肥5600公顷,建立有机肥替代化肥示范片3个,示范面积733.3公顷;完成推广水肥一体化面积80公顷,推广其他高效新型肥料10吨,推广面积133.3公顷,推广商品有机肥0.38万吨,推广面积2800公顷。完成绿肥种植面积1400公顷,建立绿肥高产示范片5个,示范面积140公顷。绿色防控和统防统治7066.7公顷,农药使用下降13.4%。2020年炎陵县抽检蔬菜、水果等种植业产品17495批次,农药残留合格率100%;快检17344批次,合格率99.98%。目前,全县省、市级以上龙头企业及"两品一标"(绿色、有机、地理标志)农产品16家企业的21种产品,全部录入湖南省"身份证"管理平台[1]，22家规模企业录入国家农产品质量安全追溯平台，全面实行"身份证"、合格证管理和赋码标识。累计创建部级标准化示范园2个，省级绿色食品示范基地1个，新增市级现代农业标准化生产基地7个。

（三）推进产业融合发展，开展水果精深加工。围绕"炎陵黄桃"，炎陵县重点建设了百里桃园经济带，将黄桃种植与乡村旅游有机结合，已拥有乡村旅游接待点150余个，农家乐近400家，年接待游客30000余人次，既延伸了黄桃产业链，又推动了全域旅游。由过去单纯的"卖黄桃"，变为集吃、住、赏、购、体验为一体的多业态发展。鼓励和支持水果产地初加工和深加工，提高黄桃的综合利用率和附加值，先后引进炎陵娜妹子农业开发有限公司、果呀呀食品有限公司等加工企业，采取"公司+基地"模式，引导加工企业与种植基地"联姻"，生产果汁、黄桃片、果脯、果酒等产品，对黄桃"吃干榨净"，推动黄桃产业向纵深发展，并对有一定规模的加工厂家，按加工产品数量予以奖补。

（四）发展农村电子商务，拓展销售渠道。加快推进全国电子商务进农村综合示范县（升级版）项目，引进全县第一家跨境电商企业。在各大知名电商平台开办炎陵黄桃官方旗舰店，七成以上的黄桃通过电商平台销往全国各地，"特色精品农业+电商"成为炎

---

[1] 从2018年起，湖南省在全省推进农产品"身份证"管理，对全省名优特农产品品牌进行集中展示、集群营销。消费者可分类检索、浏览农产品"身份"信息，主要包括农产品及其生产企业基本信息，生产技术规程规范和产品执行标准、全程质量控制流程、质量检测报告、产地环境条件、GIS地图标注和生产加工实景展示等文字、图片、视频信息等。

陵发展的新引擎。目前，电商服务站已覆盖所有行政村，电商理念逐步深植果农心中。全县有网络平台总链接数1422条，个人网店427家，企业网店309家，实体店铺236家，微商1.1万户。顺丰、圆通等快递公司也纷纷抢滩炎陵，邮政部门将炎陵黄桃纳入惠农产品范围，降低邮寄费用，让利于果农。县里还积极搭建平台，组织参加对接会、展览会、交易会、洽谈会等各类线上线下产销对接活动200余场，为炎陵黄桃拓展全方位销售渠道。

（五）开展科技扶贫，提升农户整体素质。2020年选派省市县科技"三区"[1]人才、科技特派员、科技扶贫专家团等140余人次，其中12位科技"三区"人才与新型经营主体签订科技服务协议，深

---

[1] "三区"指边远贫困地区、边疆民族地区和革命老区。

入产业扶贫基地开展科技服务和技术培训示范，全年共开展培训 134 期，参加培训 6457 人次，现场指导 7930 人次；利用"湘农科教云平台"开展线上培训 3 期，参加 1033 人；邀请湖南农业大学、中南林业科技大学、湖南生物机电职业技术学院、湖南省农科院等省市农业专家、教授来炎陵，集中培训和现场指导 6 期，培训 581 人次；建立了 550 余个果农微信群、QQ 群，推送农技知识，全县 70% 以上的农户普遍掌握了 1—2 项农业实用技术。

（六）应对新冠肺炎疫情影响，全力做好黄桃产销。国内出现新冠肺炎疫情后，炎陵县一手抓疫情防控，一手抓黄桃产销，有效克服疫情的不利影响。推动"党员做示范、大户帮小户、强农扶弱农"，强化桃农的组织化程度。宣传部门组建专班，加大宣传力度，严厉打击网络谣言中伤。通过《湖南日报》、湖南卫视等媒体开展宣传，提振果农和消费者信心。利用微信群组，第一时间发送黄桃产销的防疫要求。录制客家话、普通话音频，采用"大喇叭"+"小喇叭"的方式，在村村响、流动宣传车上滚动播放，累计播放 3000 余小时，提醒桃农一手抓销售，一手抓疫情防控。发布《炎陵黄桃购销环节防疫安全保障指南》，开辟核酸检测"绿色通道"，确保一线从业人员"应检尽检"，严格落实各项防疫措施。紧盯包装分拣、批发市场、物流分拨、运输车辆等重点环节，认真做好场所、车厢、外销产品和包装物消毒和核酸检测。及时调整营销方向，在稳定大湾区传统市场基础上，积极拓展北京、广东、武汉渠道商和省内外大企业团单，加速黄桃销售，稳定销售价格。加强与高端新零售平台和大型水果供应链企业对接，促成盒马鲜生在中南区推广及沃尔玛

400家店上架销售，实现绿叶水果、百果园、一农一果等国内知名专业连锁果品销售企业采购增量。

三、主要成效

（一）炎陵黄桃产业造就了一批新型经营主体。新型经营主体中，年销售收入过亿元企业1家，7000万元以上1家，2000万元以上4家。全县累计培育市级以上龙头企业20家，农民专业合作社643家，家庭农场542家，专业大户162户。紧扣农业农村发展热点难点，并以龙头企业为运营主体创建星创天地，直接为农民创新创业和依靠科技脱贫致富搭建技术服务平台。全县建立科技示范点11个，建成国家级星创天地2个，省级星创天地3个，省级众创空间1个，市级星创天地2个。

（二）品牌建设增强了炎陵黄桃的核心竞争力。通过政府严密有力的组织推动、健全完善的质量保障体系、切实有效的营销策划，增强了炎陵黄桃的品牌核心竞争力，为决战脱贫攻坚提供了有力支撑。炎陵县入选中国特色农产品优势区，成功申报炎陵黄桃省级现代农业特色产业集聚区，炎陵黄桃获得国家农产品地理标志认证，注册了国家地理标志证明商标，被评选为"湖南十大农业（区域公用）品牌"，入选中央电视台"国家品牌计划—广告精准扶贫"项目，连续多年登陆央视推广。获得中国优质果品博览会金奖，入选中国农业品牌目录农产品区域公用品牌、全国乡村特色产品名录。

（三）特色水果产业发展带动脱贫致富的效应突显。炎陵黄桃产业让全县人民脱贫有了依靠。全县涌现出许多种植黄桃脱贫致富的典型事例和感人故事，展现出了因地制宜发展水果产业在推进乡村振兴中的美好前景。2021年，炎陵县黄桃种植面积6333.33公顷，核心产区种植面积5400公顷，总产量6.5万吨，共计销售黄桃6.1万吨，黄桃全产业链综合产值26.3亿元，带动近4万桃农人均增收1.1万元。炎陵黄桃产业的发展，不仅使当地贫困人口实现脱贫，也为乡村振兴奠定了良好的产业基础。

典型故事

炎陵县通过发展黄桃产业，使建档立卡贫困户实现了脱贫致富。大家深刻体会到，依靠党和国家的好政策，选中产业发展的好方向，艰苦钻研扎实肯干，就会摆脱贫困过上好日子。以下是几个黄桃脱贫的典型事例。

凌振武，男，50岁，炎陵县龙溪乡仙坪村人，系建档立卡贫困户。他年幼时被蛇咬伤导致左手截肢，妻子亦是残疾人。由于身居贫困山区，缺乏生产门路，经济十分困难，有时连买油盐的钱都无法解决。2011年种植黄桃150株，黄桃园的发展得到了县爱心协会以及爱心人士的大力帮扶，每当果实套袋、秋冬季施肥、剪枝的关键时刻，黄桃种植专业户很多人都前去帮忙打理，加上凌振武自强不息的精神和顽强的毅力，年收入可达4万—5万元。

蓝才洪，男，畲族，30岁，家住中村瑶族乡鑫山村蓝家组，系建档立卡贫困户。他自幼随父亲长大，14岁便步入社会，因自己文化水平低，找工作处处碰壁，靠摆地摊、打零工过日子，住在两间矮小的土坯房里。2014年，在村党支部书记引导下，他种了120棵黄桃苗。2017年，桃树挂果，有了不错的收成，这极大地提升了他的致富信心。2018年，他又贷款扩种300余棵桃树。为了更好地掌握黄桃标准化栽培技术，生产出高品质黄桃，他积极参加培训班，学种植技术、学营销知识，逐渐从一个门外汉变为一个种桃能手。如今蓝才洪仅黄桃收入一年就有10万元之多，彻底摆脱了贫困。

黎福兰，女，47岁，1996年嫁到炎陵县下村乡坳头村。刚成家时，她家中仅有两间盖着杉皮跑风漏雨的破房，经济十分窘迫。黎福兰夫妇下决心改变贫困面貌，2008年租地种植了0.27公顷黄桃。黎福兰边学边干，从建园、定植、修剪、施肥、病虫防控，一个环节一个环节地学，对黄桃管理从一无所知到逐步掌握。家里的经济状况也迅速好转，最多的年份收入达20余万元。2013年，黎福兰一家用经营黄桃的收入在县城买了房，买了车，还培养儿子大学毕业。

猕猴桃"出山" 果农增收
——贵州省六盘水市水城区猕猴桃产业减贫惠农案例

焦点观察： 产业减贫中，农户的参与性、投入性、获得感很重要。贵州省六盘水市水城区瞄准红心猕猴桃产业发展中的突出问题，围绕"资源变资产、资金变股金、农民变股东"，建立企业—集体—基地—农户利益共同体，逐步形成企业连集体、股份连农户、协会连产业、标准连基地、品牌连市场的融合发展模式，盘活了产业，带动了增收，构建了同进退、共患难的"产业发展命运共同体"，改变了农户在产业经营中"局外人"的态度，农户由"旁观者"变为"参与者、贡献者、受益者"，脱贫效果显著。

一、发展背景

六盘水市水城区位于贵州省西部,有汉、彝、苗、布依等26个民族,面积3584平方公里,其中耕地10.33万公顷。典型的喀斯特地貌区,生态环境脆弱,山高坡陡、耕地破碎、土地贫瘠,山地占97%,坡度25度以上耕地占47%。2014年,农村居民人均可支配收入6400元,建档立卡贫困人口22.22万人,贫困发生率28.86%,是国家扶贫开发重点县、贵州省深度贫困县。

在脱贫攻坚中,水城立足资源禀赋,大力发展红心猕猴桃产业,猕猴桃种植面积现已达7467公顷,是贵州省最大的红心猕猴桃生产基地,是西南地区主产区之一和全国优质猕猴桃主要供给区之一。但水城红心猕猴桃产业发展一直被几个问题困扰:一是资源分散。因地形地貌原因,造成土地资源分散,农民居住分散,制约产业规模化发展。二是基础设施缺口大。因地形条件恶劣,基础设施投入需求大,机耕道、蓄水池、冷库等建设滞后。三是联农带农机制不健全。农民的收益主要是土地流转收益和劳务收益,利益联结还不够紧、不够实,公司、合作社和农户尚未结成紧密的产业利益共同体。

二、主要做法

以"三变"(资源变资产、资金变股金、农民变股东)为驱动联结各主体间利益,形成"五连"(企业连集体、股份连农户、协会连产业、标准连基地、品牌连市场)融合发展模式,建立猕猴桃产业持续发展和联农带农机制,大力推进产业精准扶贫,让沉睡的资源活起来、分散的资金聚起来、农民群众富起来。

(一)企业连集体,促进产村融合一体。建立政府监督,龙头企业与村集体联合开发的机制。由村集体将农户的土地等资源集中起来,与企业合作发展产业,企业负责投入、生产和经营;村集体负责发动群众、协调关系,协助争取政策及配套基础设施建设项目支持;入股农户优先在产业发展各环节务工,享受务工收入。形成了政府引导、市场运作、企业投入、项目扶持、农户参与保底分红的"企业+村集体+基地+农户"模式。同时,企业在建设果园基础设施时积极与乡村建设相结合,实现产业发展与美丽乡村建设协同推进,形成企业、村庄、村民共同发展的良好氛围。

(二)股份连农户,促进主体融合共营。以股份合作为纽带,采取土地、资金、资产、技术、扶贫资金量化入股等方式,创新实践"入股保底金+固定分红+务工工资+管理地块30%股权"的主体融合

共营模式,打造企业、农户、村集体等多方责任主体的利益共同体。在生产经营各环节,企业优先聘用入股农户,并按约定标准另付劳动报酬,使农民参与产业发展零风险。农民不仅获得了股金、薪金等多重收入,还因为股东身份真正将自己与企业融为一体,形成了"联产联业、联股联心"同进退、共患难的利益共同体。

(三)协会连产业,促进产业融合升级。依托水城区猕猴桃产业协会,引导龙头企业共同出资组建股份公司,建成了1个信息共享终端平台、1个公共电商服务平台、2个猕猴桃系列产品加工园、3个冷链仓储中心、4个猕猴桃交易市场,壮大了猕猴桃产业链、价值链。打造"协会+实体"的融合发展模式,在技术管理、产品开发、品牌推广、市场运作等方面互联互通,实现品种、标准、品牌、包装、收购、销售等"六统一",企业间市场、技术、品牌等要素共创共享。协会同时牵头推进农旅融合发展,建成集农业休闲观光、养生度假、生产示范、文化科普、民族风情体验等为一体的猕猴桃布依风情小镇,年接待游客50万人次以上,不断撬动农业消费提档升级,带动农民增收致富。

(四)标准连基地,促进绿色兴农强农。按照猕猴桃"生态原产地产品保护证书"的标准要求,制定并发布了《六盘水市猕猴桃生产技术标准体系》等10项地方标准。企业、合作社以标准挂钩农户利益分配,政府以标准开展监督检查的系统工作,切实提高了猕猴桃标准化水平。通过投入品管控、病虫害统防统治等方式推行绿色生产,生态发展的后发优势日益凸显。依托绿色无污染的先天优势,打造国家级出口食品农产品(猕猴桃)质量安全示范区、国家有机产品认证示范创建区、中国特色农产品优势区、国家火炬特色产业基地和贵州省农产品地理标志示范样板等，猕猴桃产业绿色发展特点突出，生产基地建设实现地方标准化。

（五）品牌连市场，促进价值重构升级。推进产品由特色化向品牌化转变，以创建"弥你红·水城红心猕猴桃"区域公共品牌为核心，建立区域公用品牌＋子品牌的发展模式。鼓励各类经营主体申报绿色、有机认证和良好农业规范认证（GAP），引导、督促企业按照标准生产，将其自有品牌纳入区域品牌的子品牌进行管理，加强了品牌保护，规范了品牌使用。通过品牌营销，提高了市场效益，实现了生态、经济、社会、旅游价值最大化。

三、主要成效

（一）盘活了土地资源，解放了农村劳动力。在未发展猕猴桃产业前，农户基本上是种植传统农作物，产量低、收入低，辛苦劳作一年，却过着穷日子。实施土地合作开发后，土地资源得到合理开发和利用，农户跟着猕猴桃种植企业分红增收，劳动力从土地上解放出来，或种植猕猴桃，或在果园务工，或外出务工创业，1个劳动力一年至少实现就业增收3万元以上。米箩镇俾么村村民罗光祥，从其他村民手中流转10亩土地，一心一意种起猕猴桃。通过栽种猕猴桃，罗光祥深有体会地说道："栽种猕猴桃好管理、效益高，而且有公司做后盾，农户是不会亏的"，"自从有了猕猴桃产业，以前的撂荒地都成了'抢手货'"。

（二）提供了就业岗位，促进了农村社会稳定。水城红心猕猴桃果园管护可提供就业岗位 2 万个以上，加工、储藏、销售、农旅等环节提供就业岗位 0.2 万个以上，年提供就业岗位 2.2 万个以上，按每人每年收入 3 万元计算，猕猴桃全产业链能为当地劳动力实现就业收入 6.6 亿元以上。更重要的是，部分劳动力实现就地就近就业，极大地解决了农村"留守老人""留守儿童"等社会问题，促进了农村社会稳定。正如俄戛村营上组唐仕芬说："以前我家的土地每年最多可以收 1000 公斤苞谷（玉米），现在每年可得 1800 多元的保底分红，加上收益分红可得 4000—5000 元，丈夫外出务工，每年能有 4 万—5 万元，现在我又在家门口的基地帮公司带班，既能照看老人和孩子，每个月还能领 3000 元的固定工资，真是太划算了。"

（三）整合了社会资金，推进了产业快速发展。由于水城红心猕猴桃产业独特的发展优势,加上政府出台的优惠扶持政策,社会各界各类资金纷纷涌向猕猴桃产业。如原来从事煤炭行业的鸿源、长丰等公司,从事房地产行业的润永恒、黔鹏等公司,先后有几十家企业转型发展猕猴桃产业。大量社会资本的投入,加速了水城猕猴桃产业规模化、标准化发展,推进了产业快速发展,同时也加快了水城"黑转绿"和"工业反哺农业"的步伐,大幅改善了生态环境,促进了全区高质量发展。

(四)提高了科技普及率,转变了群众思想观念。随着猕猴桃产业规模不断壮大,农村劳动力通过参与产业基地建设,逐步学到了猕猴桃管护知识,领会到科学种植的重要性,激发了学习猕猴桃种植技术的热情,提高了技术水平,彻底改变了群众"守着土地过穷日子"的旧观念。2015年,蟠龙镇百车河居委会的晏庭银回乡规范种植了0.67公顷猕猴桃,2018年就获得了8万余元的收入,之前投入全部收回,现在每年种植收入均在15万元以上。他还带动当地发展猕猴桃种植300公顷以上,成了猕猴桃种植能手、科技带头人,还获得了市级"劳动模范"称号。

(五)促进了农民增收致富,奠定了脱贫攻坚基础。农户以土地入股分红、参与果园建设、外出务工、自己种植猕猴桃等方式,参与猕猴桃产业发展实现增收致富,使产业涉及的农户户均增收2万元以上,人均增收0.5万元以上,每年带动脱贫人口占全区脱贫人口总数20%以上。村民每月除了固定工资,年底还能拿到土地分红和管理技术入股分红,原来单一的收入变成了"土地分红+工资+管理技术分红"三份收入,每年在基地总收入约5万—6万元。水城红心猕猴桃的发展，带动群众科技意识和思想观念的转变，勤劳创业、科技致富成了水城农村群众的新风尚。

典型故事

贵州润永恒农业发展有限公司的前身是一家煤化工企业，本着"工业反哺农业"的理念，2012年由"黑"转"绿"，到米箩镇俄戛村投资发展猕猴桃产业，目前已建成猕猴桃基地446.7公顷，完成投资1.5亿元，覆盖农户1210户3786人，其中建档立卡贫困户386户1106人。

公司在产业转型中曾有过一段"切肤之痛"。在入驻米箩镇当年，采取流转土地方式发展猕猴桃产业。当时由于没有建立利益联结机制，赚钱或亏本对农民都没有影响，农民以"局外人"的身份干活，公司虽投入了大量人力、物力、财力，但基地仍未得到较好管理，杂草丛生，苗木成活率极低，亏损800余万元。

如何才能把农民利益和企业经营利益联结在一起，把农户与公司融合为一体，提高农户的积极性和主动性，成为公司走出困境的关键问题。一筹莫展时，"资源变资产、资金变股金、农民变股东"的农村"三变"改革理念，仿佛一盏明灯指引了方向。公司据此引导农户将土地流转变为以土地资源入股，采取保底分红和收益分红形式，把农户的土地纳入到公司的股份中，变租赁关系为股权关系。探索出了村企联合、产业连片、基地连户、股份连心、责任连体的"五连"模式，把农民培育成股东，与公司利益紧密相连，实现了农户与公司共建共享双赢。

公司聘请专家对农户进行技能培训，改变过去"大锅饭"式的经营管理模式，探索将基地集中分片划包给懂技术、会管理的农户进行责任经营，并积极引入技术管理股，将农户所管理地块效益的30%作为分红股权，给予包片管理农户，包片管理农户每年每亩地可获得1.3万元分红。通过基地分包和技术管理股的引入，将产业预期收益与包片管护责任紧密挂钩，从根本上改变了产业经营中农户"局外人"的身份，农户由"旁观者"变为"参与者"，有效解决了参与基地管护的农户出工不出力的问题，基地苗木成活率、挂果率和果品质量大幅提升，公司经营效益和农户实际收益实现双增长。俄戛村村民王顺友说："我家一共有5亩地，以前就是种玉米和洋芋，年收入不到2500元。全部入股到基地种猕猴桃后，现在每年每亩保底分红600元+收益分红700元，每年可分红6500元。之后每五年按收益情况，收益分红还会递增，收益分红最高可达1900元/亩/年，那时，入股土地年分红可达12500元。"除了土地入股，他还跟着公司猕猴桃种植专家学习技术，通过技术入股参与猕猴桃基地管理，年保底工资就有2.4万元，加上管理地块收益的30%股权分红，年收入近5万元，一家人的生活因为猕猴桃而发生了根本转变。

润永恒公司结合产业建设，还先后投入千万元帮助所在村修建连通产业基地与村寨的硬化公路，有效解决了基础设施滞后问题；急村民之所急，想村民之所想，帮助村民接通自来水，建设2处村民休闲娱乐小广场等，实现产业发展与美丽乡村建设同步协同推进，相互促进。不仅如此，当了股东的农户在农村实现了自我发展，极大地解决了农村空巢老人和留守儿童问题，达到了社会效益和经济效益"双丰收"，以及农户、企业、政府"三赢"目标。

让传统特色酥梨焕发新活力
——河南省宁陵县产业减贫惠农案例

焦点观察： 创业是推动经济社会发展、改善民生的重要途径。农民创业在促进脱贫致富中的作用明显，创业型经济正逐步成为中国农村经济社会发展的重要推动力量之一。河南省宁陵县张艳敏返乡创业，将新理念、新思路带回了家乡，成功创办了"小梨妹"品牌，实现了自我发展。结合企业发展，她兴农助农，带动贫困户脱贫致富，也实现了自我的社会价值。在中国农村，像张艳敏一样的新农民还有很多，他们既是农民，又是"老板"，以创业实现了"一家富裕"，又以创业带动着"千家脱贫"。农民创业正在成为减贫的新动力。

一、发展背景

宁陵县位于河南省东部,属商丘市。辖7乡7镇,359个行政村(社区),人口66万,区域面积800平方公里,耕地5.3万公顷,是全国产粮大县、国家扶贫攻坚重点县。截至2014年底,全县共有贫困村106个,建档立卡贫困人口27673户69338人,贫困发生率11.18%。宁陵县于2019年实现了脱贫摘帽目标。

宁陵县栽培金顶谢花酥梨距今已有700余年历史。该品种系白梨和砂梨的自然杂交种,因萼洼周围有一片放射状黄褐色锈块,故得"金顶"美名。主产地位于宁陵县石桥镇、孔集镇、柳河镇、阳驿乡等地。2020年,梨树面积约1.5万公顷,总产量约65万吨,产值10亿元,梨树种植已成为梨区农民的一项主要收入来源。

近年来,宁陵县酥梨产业出现以下问题:品种结构不合理,晚

熟品种多，早熟品种少，鲜食品种多，加工品种少，传统品种多，优新品种少；产后储藏仍以半地下通风储藏窖简易储藏为主，储藏方式落后；加工企业少；获得绿色食品认证的梨果企业（合作社）少，品牌知名度较低等。酥梨产业亟需适应市场需求变化，创新产业发展和营销模式，提升品牌理念和科技管理水平，为老梨区注入新活力。

二、主要做法

（一）培育新型经营主体，加强科技帮扶。脱贫工作开展以来，全县先后培育了宁陵果源贡食品有限公司、河南省金维果维饮品有限公司等企业，积极带动脱贫致富。共培育从事梨产业的农民专业合作社 46 家，家庭农场 2 家，涉及梨产业的社会化服务组织 50 家。县农业农村局成立了以总农艺师为组长的技术指导组，选派 10 名农业专业技术人员，采取技术培训、送科技上门等方式到梨区入村进户帮扶，进行酥梨生产技术指导，发放技术明白纸等，普及现代梨树种植技术，宣传产业扶贫政策。累计开展技术培训 80 场次，培训 4000 余人次，技术指导 2000 余次，发放技术明白纸 4000 余份。

（二）延长产业链，创建品牌。金顶谢花酥梨除鲜食外，还可加工成梨系列产品。目前，宁陵县以梨果实和梨树枝干开发的产品有梨膏、梨醋、梨酒、梨片、高档酵素、梨木餐厨用具、梨茶饮用具等 19 种。宁陵果源贡食品有限公司研发出了"花、天、酒、地梨膏""扶正膏""霾季膏""爽喉棒棒糖""消食梨膏棒棒糖"等，已逐渐打开市场，销售前景良好。注册了"金顶""刘花桥""知

德福"等酥梨商标,实行统一包装、统一商标标识、统一产地名称,全力实施品牌带动战略,基本实现了销售品牌化。金顶谢花酥梨先后被评为"中国名牌产品"和河南省"名优产品"。

(三)发展乡村旅游,促进产业融合。为做大做强酥梨产业,宣传"金顶"酥梨品牌,已成功举办了18届梨花节和14届酥梨采摘节,建设了"梨花小镇",以梨为媒,融合经贸洽谈、旅游观光、踏春赏花、梨园采摘,吸引游客赏梨花、游梨园、品梨果,鼓励贫困户到景区销售自己生产的农产品或到景区务工等。采取"景区＋贫困户"模式,带动贫困户370人,累计增收30余万元。

(四)发展电商产业,促进产品销售。建设宁陵电商产业园,现已入驻企业65家,成功孵化企业50余家,从业人员1300余人;对接县域优秀企业实现农产品上行35家,增加就业岗位500余个,开设天猫、京东、淘宝、拼多多等平台店铺 200 余个；对接阿里、京东等知名电商平台，开设阿里宁陵扶贫馆、京东宁陵特色馆。目前，宁陵县已有酥梨销售网店 82 家，微商 1600 余个，在家务农和在外工作的业余微商 5000 余个，网上销售量 1 亿余公斤/年。电商的发展为贫困户销售农产品提供了宝贵平台，使贫困户年增收近 100 万元。

三、主要成效

（一）产业发展带动大范围脱贫。宁陵县已形成以石桥镇刘花桥为中心的金顶谢花酥梨生产基地 10 余个，金顶谢花酥梨已获国家地理标志产品保护。随着酥梨产业发展，2020 年 2000 余户贫困户 6000 余人稳定脱贫，贫困户人均增加收入 2200 元。目前，全县有 4 万余农户参与金顶谢花酥梨生产或相关产业，户均收入 2.4 万元。

（二）农民创业创新实现减贫致富。"大众创业、万众创新"激发了农民自主创业的激情，也使很多农民实现了脱贫致富梦。2015 年，石桥镇刘花桥村民刘先照探索着开始做电商，在淘宝销售酥梨等产品，年销售额只有 2 万元。2016 年他入驻县科创电商产业园，上架了酥梨深加工产品，当年销售额就增至 20 余万。2017 年以来，他在淘宝陆续开了 4 个店铺，年销售额稳定在 300 余万元。

典型故事

"小梨妹"张艳敏，一个土生土长的梨农家孩子，大学毕业后留在北京工作。因为生在农村,长在梨园,祖辈都种酥梨,她每年都牵挂着家乡酥梨的销售。前些年,家乡的酥梨以田间地头售卖的传统销售模式为主,丰产年份客商不仅把价格压得很低,有时还不好销售。但在大城市网上购物已经很普及。她想,如果采用标准化种植和电商销售模式,应该可以拓宽销路,解决卖梨难的问题。"小梨妹"抱着满腔热情选择了辞职返乡创业。

辛勤努力终成功。返乡后,她先是组建电商团队,注册淘宝店铺、苏宁易购、京东店铺,并联系一些社交电商。但是收购的果实,质量往往参差不齐,将满足电商要求的果实挑选出来后,剩余的果实再卖鲜货,不仅销售困难而且价格低,做加工是唯一的出路。于是,"小梨妹"开始谋划酥梨深加工。梨乡人都知道,以前冬天感冒、咳嗽时,老一辈都采用煮梨茶、熬梨膏的食疗方法,传统熬制工艺怎样与现代食品加工要求相结合,如何才能将加工的梨膏变为畅销的健康食品?在当地政府大力支持下,她卖掉了北京的房子,入驻了扶贫车间,抱定了做好酥梨产业的决心。经过努力,她终于实现了梦想。

身处梨乡,加工梨膏的原料充足,"小梨妹"生产的梨膏全部用榨汁浓缩而成,但在市场上销售时,价格却并不占优势。如何打开市场?她秉承做货真价实的产品、做健康产品、做良心产品的初心,采用讲解宣传、免费试喝、对接电商渠道等方式拓展市场,逐步赢得了消费者认可。为提高酥梨深加工产品的药用价值，她与河南中医药大学签订合作协议，联合研发以梨膏为主要原料、科学复配药食同源的健康产品。目前已研发出"扶正膏""霾季膏""爽喉棒棒糖""消食梨膏棒棒糖"等，"小梨妹"品牌也逐步叫响。

兴农助农显担当。宁陵县石桥镇孙迁村农户中基本都没有梨窖，采摘下来的梨没办法储存，以前靠传统的销售模式，田间地头售卖，商贩把梨价格压得很低。2018年以来，"小梨妹"优先收购贫困户的酥梨，发挥电商的优势，提前对接平台资源。在酥梨成熟时，通过"采摘节""原产地溯源"等活动，邀请平台来产地对接梨农，既保证了酥梨的价格，也可以提前把果实预订出去。截至目前，她已帮助农户销售酥梨超过500万公斤，吸纳就业87人，日常帮扶38户，直接受益农户523户。

"小梨妹"振兴家乡、引领致富的事迹很快传了出去。她被授予"河南省乡村振兴出彩巧媳妇""商丘市乡村出彩巧媳妇"等称号。"小梨妹"表示将积极把握时代机遇，培养更多青年创业者，带动更多家乡人民致富，为宁陵乡村振兴贡献力量！

"甜蜜产业"助力脱贫致富
——重庆市奉节县脐橙产业减贫惠农案例

焦点观察： 重庆市奉节县深入贯彻精准扶贫基本方略，立足县域资源优势，坚持系统发展、高标准发展，实行脐橙产业规模化、标准化、品牌化、市场化、数字化、景区化的"六化"工程。以贫困户为核心，采取主体培育、资本持股、集体经济、服务创收的帮扶策略，通过培育生产经营主体单位、转变资金扶持模式、壮大集体经济、精准技术帮扶，提高贫困户的自我发展能力，解决贫困户种植稳产和销售收益难题。奉节县如期脱贫，脐橙功不可没，成为了当地农户心中的"甜蜜产业"。

一、发展背景

奉节县地处秦巴山区集中连片特困地区，2002 年被确定为国家扶贫开发重点县，是重庆市 14 个国家扶贫开发重点县之一。奉节县大部分乡镇地势险峻，山大坡陡、沟壑纵横、生态脆弱、发展受限。2014 年，奉节县贫困人口 3.4 万户 12.4 万人，贫困发生率 13.5%，脱贫攻坚任务艰巨。

奉节县有 2300 多年的柑橘栽培历史，唐朝诗人杜甫寓居奉节时，留下了"园甘长成时，三寸如黄金"的著名诗句。作为中国著名的柑橘产区之一，奉节拥有三峡河谷长日照，接近积雪线下的斜坡逆温层，中等空气相对湿度，以及富含钾硒元素的土地等生态优势，所产脐橙果皮中厚、果形端正、肉质细嫩化渣、酸甜适度、余味清香。

2016 年以来，奉节县坚持精准扶贫基本方略，把产业扶贫放在同步实现小康的战略高度，立足县域资源禀赋，充分调动广大贫困群众积极性，通过整合项目资金、提供科技支撑、壮大新型经营主体、培育新型职业农民、健全利益联结机制等"组合拳"，大力发展脐橙产业，促进低山贫困群众依靠脐橙产业稳定增收，如期实现稳定脱贫。

二、主要做法

奉节县脱贫，脐橙是"功臣"。近年来，全县大力实施脐橙产业规模化、标准化、品牌化、市场化、数字化、景区化的"六化"工程。

（一）坚持规模化种植。坚持以多种形式广泛吸纳农户和贫困户参与产业发展，提高脐橙种植规模。一是注重形成产业带。奉节全年无霜期长、冬季无冻害、早春升温平稳，非常适宜种植脐橙。自 1953 年引进华盛顿脐橙以来，通过不断调整扶持政策、调优品种结构、优化产业布局，逐步形成了 26 个乡镇 160 个村的脐橙主产区和低山脐橙种植产业带，覆盖了海拔 650 米以下 90% 以上的农户，种植面积 2.47 万公顷。二是注重培育大企业。培育龙头企业 43 家，脐橙种植专业合作社 319 家。三是注重对接小农户。坚持自愿原则，把分散种植的农户组织起来，按果农意愿和分户统防统治统管模式组建协会，提高生产经营组织化和协同化程度，实现了"单家独户""小群体""弱群体"等小农户与现代农业的有效对接，带动贫困户种植脐橙 0.27 万公顷，年产量 3.6 万吨、产值 1.43 亿元，实现户均收入 2.9 万元。

（二）坚持标准化生产。修订发布《地理标志产品奉节脐橙》

地方标准,建立脐橙标准化生产体系,使脐橙产量和优质果率逐年上升。一是规范标准化生产技术规程。经专家实地调研,并结合本地果农种植经验,形成新版《奉节脐橙提质增效技术规程》,作为全县果农的全流程生产技术规范。铁甲村9社贫困户李井天种植脐橙0.33公顷,2015年产量3000公斤,采用标准化种植后,2020年产量达7500公斤,2株成年树平均株产超过150公斤。二是建立标准化技术推广体系。农技随访覆盖全县,借助研究中心、科技专家大院、科普示范基地和田间学校等,县、乡、村187名技术人员深入田间地头,开展技术培训450余场次,累计培训"致富带头人"和橙农8.6万人次,其中贫困户2.7万人次,发放技术资料7.8万余份,切实解决了果农知而不深、管而不细、护而不精等各类问题2.5万余个。全县脐橙产量和品质得到大幅提升,优质果率由65%提高至80%。三是打造标准化生产基地。2016年以来,累计投入财政资金2.5亿元,提档升级主产区优质脐橙基地0.67万公顷。投产脐橙亩产从2015年的800公斤增至2019年的1500公斤,总产量33万吨。支持龙头企业和专业合作社自建标准基地、扩面带动合同基地、辐射发展社会基地,改造提升贫困户低水平脐橙园0.17万公顷,年产量由2015年的2万吨增至2020年的3.6万吨。

(三)坚持品牌化发展。奉节脐橙先后荣获"中国驰名商标""中国生态原产地保护产品""中国百强农产品区域公用品牌"等称号。品牌价值从2016年的22.64亿元增至2019年的182.8亿元,跻身全国橙类一流品牌。脐橙年销售收入10万元以上的农户超过2200户,其中贫困户21户。主要做法:一是统一品牌策划。委托浙江大学为奉节脐橙量身设计了"自然天成·奉节脐橙"的品牌提升方案，统一品牌标志、包装用箱、视觉形象、终端形象、宣传口径、活动风格，打造特色鲜明的"产业名片"。二是丰富品牌内涵。出台品牌创建奖励办法，先后注册了杜甫橘园、山橙时代、橙都一号等53个柑橘子品牌。三是延伸品牌价值。重点研发生产果汁、果酒、果脯、罐头、精油等系列精深加工产品。引进重庆安益佳有限公司、夔凤酒业等知名企业12家，累计年处理脐橙鲜果17万吨，生产果酒1000余吨，年产值1亿元以上。

（四）坚持市场化营销。坚持巩固老市场、拓展新市场，对外搞开发、对内增活力，好果子有了好销路，奉节脐橙已成为奉节农业的"当家树"、农村的"致富树"、农民的"摇钱树"。一是培育市场主体。政府每年出资2000万元对营销大户实施奖励，培育微商15000余人、网店2700余家、电商企业18家。二是开拓实体市场。在重庆、上海、北京等城市开展系列品牌推介活动，实施万吨脐橙进山东和进广东计划，以广东、山东、辽宁为支点，撬动了华南、华北、东北等国内市场，新开拓甘肃、青海等中小城市市场。引进华润万家、永辉超市等在奉节建立直采基地，农超对接企业1000余家。在全国建立批发专销区10个、直营店400家、商超专销点400个，年销售脐橙突破20万吨。三是拓展网销渠道。积极对接大集团，与京东集团、阿里巴巴、顺丰集团、重庆商社签订购销战略合作协议，借助互联网，网销脐橙6.1万吨，是2015年的16倍。

（五）坚持数字化打造。与阿里巴巴深度合作，大力发展数字脐橙。一是数字化生产。在种植端引入测土配肥、水肥一体化、农

业物联网和植保飞防技术，通过对地形、气候、土壤、灌溉以及果树品种等数据的抓取、沉淀和计算，提供最优的种植技术方案，从源头提高品控管理水平。通过数字化分选提升优果率，最大限度保障脐橙采摘后的品质。一株果树能创造上千元的收益，是普通果树的 2—3 倍。二是数字化监管。建成集 B2B、B2C、多语种、多币种、直采直销和质量追溯系统于一体的奉节脐橙电子商务与信息平台，从投入品源头控制、生产过程监管、安全检测佐证、产品产地准出等全程进行质量安全监管和追溯，通过扫描二维码辨识真伪，实现全程监管。三是数字化服务。以大数据技术为依托，精准监测产地价格。2019 年与农业农村部信息中心、新华社中国经济信息社共同编制发布了"奉节脐橙价格指数"；2020 年 9 月，在"2020 年中国国际智能产业博览会"上，面向全球发布《新华·奉节脐橙价格指数运行报告》，形成具有权威性、公信力的价值基准。

（六）坚持景区化建设。围绕脐橙产业、休闲、生态三大功能，挖掘脐橙文化内涵，把脐橙产区建设成一个大果园、大公园、大观园、大花园、大游园、大乐园。一是以奇观为美景形成景观。春开花、夏结果、秋长成、冬收获，长达8个月的挂果期和保持1个月的"花果同树"奇观，造就了奉节脐橙可看可照、可摘可玩的特质，脐橙产区处处是美景、处处是景观，形成了"一江五河"沿线120平方公里绿色生态景观带。二是以园区为示范打造景点。依托白帝城•瞿塘峡、三峡之巅等景区，建设以脐橙为主的国家现代农业产业园。打造中国长江柑橘博览园、3个脐橙产业小镇，建设橙旅融合示范点16个，培育星级"橙家乐"138家，形成了赏花、采摘、品果等一系列旅游产品。223户贫困户通过开办以橙旅融合为主的家庭农场和农家乐，户均增收3万元/年以上。三是以体验为特色串成旅游线。依靠脐橙产业优势，打造集观光、采摘、研学、体验于一体的多条精品旅游线路。立足"三峡第一村"白龙村的特色旅游资源和特色文化，重点打造长江南岸诗•橙产业特色旅游线路。围绕长江沿线、高速公路沿线、旅游风景区沿线和梅溪河流域示范片，打造了产城融合、产村融合、产景融合的观光旅游线路。2020年，全县乡村旅游695万人次，直接从业人员1万余人，带动脐橙主产区856户贫困户从事旅游服务，实现户均增收2.3万元。

三、主要成效

近4年，累计带动30万果农净增收25.1亿元，直接带动近1万户贫困户实现稳定脱贫，缔造了一棵树"致富 30 万人"的奇迹，脐橙成为奉节脱贫致富奔小康的"甜蜜产业"。主要带贫方式和成效如下：

（一）"主体培育＋贫困户"。把做大、做强、培优生产经营主体作为脐橙产业扶贫的突破口，通过线上＋线下方式培育市级、县级龙头企业。截至 2020 年底，累计带动 7006 户贫困户 28460 人实现人均增收 4300 元；帮助 1012 名贫困人口实现务工增收，年均工资性收入 8700 元。建设全国奉节脐橙批发专销点、直营店等，帮助贫困户年销售脐橙 3 万吨。

（二）"资本持股＋贫困户"。坚持依法、自愿、有偿原则，鼓励享受农业产业财政资金支持 10 万元以上的项目业主，按财政补助资金 6% 的比例以村集体经济组织名义作为资本金投入，联结贫困户投入产业发展股权基金，每年按 6% 比例实行保底分红；同步构建"公司＋村集体＋贫困户""专业合作社＋贫困户"等经营模式，按贫困户 30%、村集体经济 10%、公司 60% 的分配比例分红，推动企业和贫困户合作双赢、互利共赢。近几年，全县 4984 户贫困户分红 676 万元，户均增收 1356 元。

（三）"集体经济＋贫困户"。立足"三变"改革契机，推动"两确权两到位""两集中两转变"（确权到户、确股到人，土地适度规模集中、人口适当规模集中，农民转变身份、收入转变来源），壮大农村集体经济，引领和带动贫困群众发展致富。朱衣镇砚瓦村股份经济合作社 2184 股，总资产达 439 万元；安坪镇三沱村股份经济合作社，脐橙产业直接经济效益达 67.5 万元。

（四）"服务创收＋贫困户"。组建三沱村、砚瓦村、铁佛村等脐橙专业化服务队，添置植保无人机等设施设备，推进技术统标、农资统供、水肥统灌、病虫统防、果实统摘，构建产前、产中、产后全程服务模式。创新实行"土地＋务工＋帮扶"模式，43家龙头企业定点帮扶200余户贫困户就地务工，实现年均增收3000元。

典型故事

奉节县火红水果销售有限公司成立于2012年，注册资本500万元，是集脐橙种植、分选加工、销售、物流运输为一体的市级龙头企业。厂房占地8456平方米，有分选线2条，加工能力20吨/小时，年分选能力2万吨。建成脐橙冷藏库300余平方米，可收储脐橙1000余吨。公司年销售脐橙3000吨以上，带动贫困农户50户稳定务工增收。

公司在奉节县羊市镇大淌村、渔灯社区，以及康乐镇横路村，通过土地流转承包建成高标准脐橙果园200公顷，种植脐橙15万株。在羊市镇大淌村流转90户农户土地74.3公顷，在楼门村流转104户农户土地80公顷，解决了当地贫困农户近200人季节性就近务工，实现人均年增务工收入5000元以上。为解决贫困果农脐橙生产和销售难题，公司成立了脐橙生产销售帮扶小组，采取"公司＋农户"模式，与贫困果农签订脐橙销售订单，果农在公司技术员指导下生产，由公司统一加工包装销售。2017—2020年，公司累计销售贫困户脐橙4840吨。

产业发展结硕果　昭通苹果来扶贫
——云南省昭通市苹果产业减贫惠农案例

焦点观察： 技能"贫困"是制约农户脱贫的重要因素。云南省昭通市围绕优势高原苹果产业特色，将脱贫与产业发展统筹规划，通过高起点谋划产业发展、高质量培育新型主体、高标准建设生产基地及高水平科技支撑，打造出知名区域公用品牌"昭通苹果"和系列企业品牌，构建了人城园高度融合的苹果之城。在这一过程中，昭通市构建了专家—专业技术人员—企业、合作社—辅导员—果农的技术传导模式，实施网格化精准技术指导与管理，将产业帮扶与扶志、扶智共同推进，使农户切实掌握一项学得懂、用得上、能致富的生产实用技能，帮助他们补足技术短板，实现脱贫致富。

一、发展背景

苹果是云南省昭通市重点打造的高原特色产业之一。在产业发展中,昭通始终坚持以现代产业发展的新理念、新机制、新模式,高起点、高标准、严要求,紧紧瞄准中国顶尖苹果产业,树牢苹果产业"第一车间"理念,着力打造产城融合、城乡一体、城在园中、园在城中、百万人口与百万亩苹果高度相融的苹果之城,推动昭通苹果产业转型升级。

目前,昭通苹果产业由 2014 年面积 2.2 万公顷、产量 39.6 万吨、产值 20.35 亿元,发展到 2020 年面积 5.3 万公顷、产量 75 万吨、产值 80 亿元;覆盖果农由 11 万户 35 万人,发展到 13.5 万户 52 万人,其中,覆盖建档立卡贫困户 1.51 万户 5.13 万人;果农年收益由户均 1.85 万元,提升到 5.93 万元。

二、主要做法

(一)高起点谋划产业发展。在苹果产业发展上,昭通始终坚持脱贫与产业发展统筹、规模与质量发展并重、品牌与效益提升同步的原则,高起点谋划产业布局,按照"一步登顶、跨越发展;产城融合、三产联动;龙头带动、品牌引领;因地制宜、规模经营;科技支撑、绿色发展"五大原则,以"老产业+新理念、新机制、新技术=新产业"的思路,着力破解产业发展突出问题,推进以良种良法为基础、高度组织化和集约化为路径、"党支部+合作社+

基地＋农户"为抓手的模式，先后出台了《昭通百万亩苹果产业发展规划（2018—2025 年）》《关于做优做强苹果产业助推脱贫攻坚的意见》《关于印发〈2018 年苹果产业良种良法和组织化、党支部＋合作社＋农户全覆盖工作方案〉等两个工作方案的通知》《关于统筹新冠肺炎疫情防控、着力提高组织程度、推进高原特色产业高质量发展的通知》《昭通市苹果产业高质量发展方案》等，对苹果产业提出明确的发展目标、工作任务、具体措施、时间节点和发展路径，并层层压实主体责任，有力促进生产标准化水平和产品品质提升，全面构建"老产业＋新产业"的迭代产业体系。

（二）高质量培育新型主体。产业发展离不开龙头企业的带动。2012 年前，昭通苹果行业几乎没有大型生产企业，没有规模化生产的专业合作社和种植大户，果农生产的小、散、弱现象十分突出。通过大力培育涉农涉果新型农业经营主体，发挥其在投融资、创品牌、拓市场等方面的引领作用，昭通内培外引地发展了一批有一定影响的苹果生产企业、合作社等经营主体，如绿健公司、云南农垦昭通农投公司、浩丰专业合作社、硕丰专业合作社等本地经营主体，以及陕西海升昭通超越公司、重庆天锦、浙江东达、湖南商会、国投中鲁等外地企业，初步形成了大龙带小龙、引领千万家的发展格局。生产经营范围由原来的单一鲜果生产，发展到鲜果生产、加工储藏、冷链物流、电子商务、旅游文化等，产业链得到扩展和延伸，产业帮扶能力和效果大幅提升。截至 2020 年，昭通规模化生产加工营销企业超过 24 家，全市建成标准化现代苹果示范园 1 万公顷。果园标准化种植面积超过 200 公顷的经营主体 5 家，其中海升昭通超越农

业公司标准化种植基地达到 4000 公顷，成为国内最大单体苹果园。昭阳、鲁甸两县（区）成立苹果专业合作社 254 个，创建省级示范社 1 个，发展社员 2 万人。通过培育新型经营主体，把果农、建档立卡贫困户与产业发展深层绑定，使产区 52 万果农受益，其中建档立卡贫困户 5.13 万人。近年，昭通充分挖掘线上销售优势，大力推进苹果电（微）商销售。新冠肺炎疫情期间，线上销售助力昭通苹果丰产丰收成效显著。2020 年，昭通苹果线上销售量 633.4 万件，约占前 4 年线上销售总量的 71%。

（三）高标准建设生产基地。为充分发挥苹果产业的示范引领作用，坚持政府主导、企业主体，突出重点、分步推进，科技支撑、群众参与的思路，市、县（区）、乡（镇）层层建设样板，抓好新植果园建设，紧盯老果园提质改造，全力推进昭通百万亩南方冷凉高地优质苹果生产基地建设。在新植上，重点推广以矮化密植栽培、标准化格架栽培、水肥一体化建园技术；在老果园改造上，推广以落头开心、去除大枝、单轴延伸为主的整形修剪技术和以土壤改良、果园生草、夏季拉枝、摘叶露果、高接授粉品种、绿色防控等综合集成技术的应用。2020年，全市苹果种植面积是2014年的2.4倍，建成各类高标准新植核心示范园20个1万公顷，累计完成老果园提质增效改造10万公顷次。昭通苹果优质果率随之逐年提高，由2014年的60%升至2020年的75%以上。据行业部门数据统计，2019年昭通苹果均价达到9.2元/公斤，对产区果农，尤其是建档立卡户增收致富起到了积极作用。

（四）高水平推进科技服务支撑。市级成立昭通市苹果产业发展中心，主产县区成立县级苹果产业发展中心，充实果树专业技术人员，针对当地实际情况，开展苹果生产技术研究与推广，为昭通苹果生产提供了有力的技术支撑。依托国家苹果产业技术体系云南（昭通）苹果综合试验站，先后与国内多家大专院校、科研机构建立了合作关系，创建了束怀瑞院士工作站、董雅凤专家工作站、魏钦平果树（苹果）专家工作站、昭通苹果科技小院等一批苹果科技研发、技术服务平台。根据地方生产特点，组织行业技术专家编写了《绿色食品昭通苹果生产技术综合规范》等9项技术标准、规程。组建了市苹果产业发展专家组，聘请8名国家苹果产业技术体系岗位专家作为顾问。引进和培养昭通苹果高层次人才，组建了400人左右的基层苹果辅导员队伍，使矮化密植、水肥一体化、物联网监控系统、生态种植、整形修剪、果园生草、土壤改良、绿色防控等一系列现代果园生产管理技术，快速、高效地直达果农（园），形成了具有昭通特色的苹果生产技术体系和"市外专家—专业技术人员—企业、合作社—辅导员—果农"技术传导模式，促进了昭通现

代苹果产业技术进步。实施网格化精准管理，统筹整合市、县（区）苹果生产技术力量，根据不同区域生产种植水平和管理特点，将昭阳、鲁甸两地的苹果产区分为四个片区，片区技术指导小组实行网格化分片技术服务指导和管理。市级技术干部分组挂包到企业、片区，县（区）技术干部挂片到乡镇，辅导员挂片到村（组），按照统一、规范、标准的技术要求，实施网格化管理，技术服务落实到每一户果农、每一片果园，不让一片果园游离在管护体制之外，确保技术指导服务产区全覆盖。

（五）强化品牌打造。擦亮品牌，举起昭通苹果向高端消费、高端市场迈进的"敲门砖"，是昭通苹果产业发展的重点方向。截至2021年8月，昭通苹果共通过绿色认证58个、有机苹果认证1个、苹果有机转换产品认证1个。着力打造以"昭通苹果"区域公用品牌和以"昭阳红""沁果昭红""满园鲜""嘎嘣脆"等为代表的苹果企业品牌。近年来，"昭通苹果"区域公用品牌屡获殊荣，2020年、

2021年连续获得中国苹果产业区域公用品牌榜样品牌,"昭通苹果"等13个品牌、单位和个人入选中国苹果产业榜样品牌。昭阳区、苏家院镇分别获中国苹果产业五十强县、百强镇,昭阳红(昭通超越农业有限公司)、沁果昭红(云南农垦昭通农投公司)、嘎嘣脆(鲁甸浩丰苹果专业合作社)、唱云(云南滇秋实业有限公司)、孔雀苹(昭通温氏农业科技有限公司)5个苹果品牌荣获中国苹果产业"企业品牌"榜样。利用中央、省、市媒体,借力广告精准扶贫等重要载体,以及各类推介会、展销会、发布会,全方位打造"品天下苹果,还看今昭""晒到高原红才叫昭阳红"的品牌形象,昭通苹果区域公用品牌知名度不断提升。

三、经验启示

(一)党建引领推动,是产业带贫的重要抓手。贫困发生率较高的区域，往往产业发展滞后、农户生产积极性不高、创业意愿不强。通过党建先行，充分发挥基层党组织战斗堡垒作用，发挥党员干部带头示范作用，产业帮扶与扶志、扶智齐推进，为苹果产业顺利推进创造良好的基础条件。昭阳区在苹果生产企业土地流转中，坚持把加强党的领导和党建工作贯穿全过程，以"用心贴近群众、用勤解决民困，用脚丈量民生"的务实作风，组织党员群众召开院坝会、田间会、板凳会、火塘会，深入群众家中帮群众算增收账，用实际行动解开群众不理解、不支持、不配合的"疙瘩"。由土地流转区域内的党员带头搞流转、做示范，让群众信任放心、配合支持。建立党群互助体，加强农民专业合作组织建设，实现苹果主产乡镇、街道以村（社区）党组织主导的农民专业合作组织全覆盖，采取"党员户结对一般户、大户助小户、富户帮穷户"等方式，共享资金技术、共通信息渠道，实现共同发展，走出了"党组织＋合作社＋贫困户"的产业发展新路。目前，仅昭阳区就成立村集体经济 153 个，党组织创办领办合作社 123 个，入社成员 19.9 万人，实现贫困村全覆盖。

（二）组织化、集约化发展，是产业带贫的重要路径。广泛动员产业群众积极参与高原特色产业发展，建立各类经营主体与群众的利益联结机制，提高发展产业与群众脱贫的结合度，带动群众脱贫致富。海升集团昭通超越农业有限公司的苹果种植基地，就近覆盖贫困群众 9868 户 3.75 万人，公司采取"企业＋基地＋建档立卡贫困户"的方式，群众借助地租收入、劳务就业、果园托管、股份分红等提高了收益。土地流转费 1.35 万元 / 公顷 / 年，每隔五年增加 3000 元 / 公顷，涉及农户 2.1 万户；吸纳周边乡镇贫困户 5000 人就业，人均年收入可达1.8万元以上；将基地分成3—6公顷一个单元，安排易地搬迁安置户749户进行"托管"，每户每年可收入4万—8万元；整合扶贫资金入股30%，前两年以入股资金10%分红，第三年盛产期后每年以利润的30%进行分红，反哺贫困户及壮大集体经济；该公司与昭通市级科研推广机构合作创建田间大学，围绕现代苹果种植技术每年培训果农2000人次以上，这些能手通过提供社会化技术服务还可增加技能性收入。鲁甸县浩丰苹果种植专业合作社，采用"党支部＋合作社＋农户＋基地＋公司"的模式，把农户由一家一户的小农生产变为"抱团发展"，为果农及贫困户提供统一的生产管理技术支撑，使果品产量、质量大幅提升，并全部签订回收订单，使果农及贫困户生产效益明显提高。2019年，该合作社直接带动社员农户102户，其中建档立卡户3户14人，间接带动农户1000余户，涉及建档立卡户21户110人，提供长期就业岗位32个，临时用工1000人次，产业带动农户人均创收2500元以上。

（三）良种良法应用，是产业带贫的基础保障。一是大力引试推广优良品种。近年来，昭通开展苹果良种引试118个，经生产试验观察，筛选出一批果实品质好、市场认可度高、增收效益明显的苹果品种大面示范推广，如华硕、神砂、瑞雪、烟富3、烟富8、首富1号等，累计推广面积1.3万余公顷，使产区苹果生产品种结构得到大幅调整，让果业因果而兴、果农因果而富、果乡因果而美。2019年，昭通鲜果销售中，早熟品种华硕、神砂均价达12元／公斤以上，晚熟品种烟富3和烟富8均价6元／公斤以上。二是大力推广先进实用生产技术。推广标准化建园、绿色病虫害防治和省力化整形修剪等一系列技术，大幅提升果农生产管理水平，有效减少果农生产用工和农用品投入，在实现绿色、生态生产的同时，使果农生产的果品产量、质量和经济效益得到较大提高。因地制宜，坚持良种良法应用，使产区果农特别是建档立卡贫困户获得了一项学得懂、用得上、能致富的生产实用技能，实现了稳定的经济收益。

小冬枣大产业好日子
——陕西省大荔县小坡村冬枣产业减贫惠农案例

焦点观察： 陕西省大荔县小坡村由于遭遇黄河水患使良田变成了盐碱地。通过不断尝试与探索，小坡村在盐碱地上成功开拓出了通过发展冬枣产业发家致富的道路。通过设施冬枣种植改良技术，使冬枣变"夏枣"，受到迪拜等国际市场欢迎，身价倍增达20美元/公斤。小坡村以冬枣产业发展为核心，做活农旅融合"大文章"，被誉为"中国冬枣第一村"。小坡村的成功，从一个侧面表明，农村本土出现的致富带头人在农村脱贫中发挥着积极重要的作用，他们能够带领当地农民找路子、找方式、找方向，能够帮助当地农民转观念、转思路、转做法，最终实现脱贫致富。

一、发展背景

陕西省大荔县小坡村地处黄河岸边三角洲华原山南端,全村辖13个村民小组,968户4200人,其中贫困户107户410人。上世纪60年代遭遇黄河水患,村里万亩良田变成了盐碱地,处于"种一葫芦只能收半瓢"的境地。1995—1997年,全村人均纯收入仅450元,是大荔县有名的穷村。

二、主要做法

找对路子。村里人曾尝试在盐碱地里种无花果、红玫瑰,也试过栽桑养蚕,但都失败了。为了找到脱贫的路子,村党支部书记薛安全辗转多地学习考察,村里先后邀请中国林业科学研究院、西北农林科技大学的专家进行土壤分析和可行性研究,发现枣树的耐碱性特别强。2002年,薛安全买回两车冬枣树苗,免费发给村民试种。然而,村民却没人敢"接招",害怕同样会失败。为打开局面,薛安全动员村里23名党员带头试种,每人包0.67公顷地种枣树,他自己承包了37.3公顷。盐碱地里的地下水无法浇灌枣树。缺水,成了摆在他们面前的又一道难题。为此,薛安全提出"引洛下滩,修渠栽枣,治理盐碱,综合开发黄河滩"的设想,被大家认可。在村里组织下,村民们一起埋管、加泵,昼夜加班,打井修渠,终于打成10眼机井,解决了夏灌水荒问题。在县里配套资金支持下,小坡村共投资279万元修成主渠3.8公里、小渠3条共18公里。修渠第一年,冬枣丰收。村里李建华的0.67公顷冬枣品质最好，一共卖了23.8万元。这一喜讯很快传开。越来越多的村民开始自发种植冬枣，外出务工的村民也纷纷回村发展。

找对方式。"带着群众干，干给群众看"，党员带头种植，使冬枣种植在村里打开了局面。2009年8月，村里牵头成立了"大荔县绿源农庄冬枣专业合作社"，为枣农提供产前产中产后服务，科学引导枣农进行标准化生产，并与50余家客商建立了长期稳定的供销关系。为进一步壮大冬枣这一核心产业，小坡村还全面推广智能化农业发展模式，以点带面，发展设施冬枣种植产业。同时，积极争取引进项目，采用砖混结构的形式新建温室大棚。"我们村的枣树，全长在大棚里，冬枣挂果后，还要给它们盖棉被。"全国多地都盛

产冬枣，为了让冬枣能卖出好价钱，在专家团队的指导下，小坡村不断改良技术，该村冬枣上市的季节，已从原来的 10 月中旬提前到了 5 月中下旬。冬枣变"夏枣"，身价倍增。其中，出口迪拜的优良品种，每公斤能卖到 20 美元！

找对方向。"现在直播带货很流行，我们大荔县的县领导，也给小坡村搞过直播带货。与此同时，村民自己也学会了直播卖货，做得好的，一个月能接 6 万多单。"运用网络直播卖冬枣，是该村冬枣产业提档升级的一个缩影。仅仅电商销售模式，小坡村的万亩冬枣示范园，每年冬枣销售营业额能达到 8000 余万元。上万亩的冬枣产业园区，还在小坡村催生了一种新兴的服务业。农忙时节，在园区务工、务农的村民，也能像城里人一样，在地里就能吃到外卖。"村里专门卖饭的食堂有 20 多家，能同时接待上千人的大食堂就有 3 家。"这些食堂已成为服务本地村民和接待外来游客的重要平台。按照"1+"的发展思路，小坡村以冬枣产业发展为核心，努力做活农旅融合大文章，实现一产接二产、连三产。目前，该村已整合优势资源，建成包括观景台、采摘园、枣文化长廊、枣源广场、观光小火车、枣文化博览园、儿童游乐园等项目，着力打造诗意田园小镇。

三、主要成效

"以前，我们是靠天吃饭，村里的盐碱地种不出庄稼，全村有三分之一的人都出去打工了。留守在村里的，只能到黄河滩 8 公里以外的地方，以 1 公顷地 4500 元的价格承包别人的河滩地种庄稼。"

经过不断探索，小坡村将盐碱地变成聚宝盆。冬枣已成为小坡村脱贫致富的"金蛋蛋"。

目前，全村冬枣面积1000公顷，其中设施冬枣800公顷，年产量1.8万吨，产值1.2亿元，农民人均冬枣年收入达1.87万元，被誉为"中国冬枣第一村"。"站在小坡向东望，小坡一片新气象，万亩冬枣才展现，家家户户十几万。"如今的村道上，经常能看到宝马、奔驰等品牌车，"都是村民靠种植冬枣赚钱买的"。据统计，全村已有600多辆小轿车。依靠小冬枣，小坡村民真正实现了脱贫致富。

"盛夏的果实"奏响扶贫乐章
——甘肃省临夏市高原西瓜产业减贫惠农案例

焦点观察： 就业是劳动者实现自我发展的基本途径。一人就业，全家脱贫。甘肃省临夏市依托其地理位置优势，聚焦高原西瓜种植，助农脱贫。通过成立村集体合作社，加强土地集中流转管理，并引入专业的西瓜种植企业，实现了厂门连家门，为农民就近就地就业创造了条件。家门口果业的发展，进一步释放了农村的劳动力资源红利。像折桥镇王小红一样的农村妇女，既能就业增收，实现自我价值，又能照顾家庭。离土不离乡，挣钱又顾家，这就是民生实事。

一、发展背景

甘肃省临夏市市域面积 88.6 平方公里，人口近 50 万人。临夏地处黄土高原和青藏高原交会地带，平均海拔 1917 米，属于典型的"南山北塬、一水中流"地貌，森林覆盖率和植被覆盖率较高。属于温带大陆性气候，冬长夏短、高寒湿阴是主要的气候特征。海拔高、紫外线强、昼夜温差大是制约临夏市传统种植业发展的重要因素。但海拔高、光照充足、土层深厚、温差大等特殊条件恰好为高原果业发展提供了优质的自然地理条件。

在保持原有播种面积不变的基础上，临夏市委市政府提出了"两压一稳三扩一提高"（即压减油菜、玉米和苗木等相对低效作物面积，稳定设施农业，扩大高原蔬菜、高原果业、菌类等高效作物面积，提高复种指数）的农业产业结构调整思路，发展高原果业成为推进临夏市现代化农业发展的重要抓手。2019 年以来，临夏市相继建立了折桥镇、枹罕镇南北两片高原西瓜种植示范基地，总种植规模 350 公顷，主要种植周期相对较长、品质佳、产量高的美都、特小凤等鲜食中熟杂交西瓜品种。

二、主要做法

（一）集约化，促进土地集中流转管理。扶持发展高原西瓜种植，不断发展和壮大村级集体经济。折桥镇和枹罕镇的村委会牵头成立了村集体合作社，根据项目需求，统计可以流转的本村农户土地，并建立建档立卡户档案，对其实施土地流转绿色通道。村集体合作社以招商引资的形式，将西瓜基地经营权按照 2.7 万元 / 公顷 / 年的标准整体承包出去。承包收益中，2.25 万元作为土地流转费支付给流转土地的村民；4500 元作为村集体经济收入，其中，2250 元注入村级合作社，2250 元注入村集体经济。西瓜种植、管护、销售等交由专业的企业负责，有效化解了农民的投资风险。同时，鼓励建档立卡贫困户和其他农户到西瓜种植基地工作，使农户实现家门口就业，增加了多重收入。通过此举，解决了农户的稳定增收问题。

（二）标准化，不断提高西瓜品质。围绕种苗繁育、整地施肥、瓜苗定植、接骨对花、压蔓坐瓜以及病虫害防治等各环节，组织专业技术人员进行现场指导，提供全方位技术支持。坚持科学种植，规范管护，对西瓜的品质分层分级严格把控。建立先进的西瓜仓储设施，优化西瓜包装结构和运输方式，保证产品质量，提升产品竞争力，不断塑造高原西瓜在消费者中的口碑，为高原西瓜产业的持

续发展和产业链延伸奠定基础。

（三）市场化，打响知名度拓宽销售渠道。通过临夏州、市各级新闻媒体，各种渠道大力宣传，提升临夏高原西瓜在本市的知名度。利用临夏市融媒体中心，农业部门和镇村公众号，打造了专业的高原西瓜品牌宣传平台，打响了在甘肃省内的知名度。同时，邀请新闻工作人员，利用实地考察采访、网络连线、实时视频、VR等方式扩大在全国的知名度。通过扶贫832平台，以及"临夏消费扶贫"App构建线上采购平台；利用直播带货，打造网络宣传和销售一体化平台。同时，对西瓜承包商和农户进行网络电商知识培训，鼓励其开展线上销售业务。2021年，各类电商平台销售临夏高原西瓜近500吨，助农销售额突破300万元。

（四）产业化，融合发展延伸产业链条。延伸高原西瓜产业链条，积极推动特色种植业与文化旅游业深度融合发展，探索发展休闲种植采摘农业，大力发展高原西瓜周边产业。积极动员农家乐推出应季西瓜汁、西瓜奶茶、西瓜沙拉、清炒西瓜皮、凉拌西瓜皮等饮品菜品，吸引游客品尝。将高原西瓜和当地特色产品一起销售，促进高原西瓜和特色农产品、特色食品、乡村旅游业共同发展，助推一二三产业融合发展。

三、主要成效

"发展扶贫产业，重在群众受益，难在持续稳定"。临夏市相关部门密切联系，积极合作，借助扶贫平台、网络电商和直播带货等渠道进行宣传推介、贸易洽谈、采购订货和特色产品产销对接，拓展农特产品销售渠道，提升市场占有率，打破部分地区农产品"产、供、销"的壁垒，解决农产品"走出去"的难题，稳定了特色产品销售渠道，对农民收入的持续增加产生了积极作用。

高原西瓜真正让群众尝到了"甜头"，成为带动群众脱贫致富的"甜蜜经济"。高原西瓜种植项目，有效解决了农村留守弱劳动力就近就地就业和通过土地稳定增收的问题。临夏市现有西瓜种植面积350公顷，每公顷产量约5.25万公斤。通过该项目已带动折桥镇和枹罕镇10个村的农户增加收入约1400余万元，10个村集体年均增加经济收入约60万元。流转土地的农户可以获得每公顷2.25万元的租金；在西瓜大棚中务工的劳动力1324人，日工资每人100—120元，不仅实现了家门口就业，还能获得土地收益和务工工资两份稳定收入。

金秋好时节，临夏高原西瓜硕果累累，瓜农们忙着采摘装箱，不亦乐乎。一车车满载着老百姓脱贫致富的"希望之瓜"销往上海、浙江、广东等地。56岁的折桥镇建档立卡户张尕木以前家里种0.13公顷玉米，出去打工也只能干点苦力活，年收入仅四五千元。如今，他在家门口西瓜基地除草、平地、施肥、摘瓜，工资一天130元，每月稳拿4000元左右，他说："在家门口自己的地里打工，赚钱顾家两不误，天天都有钱拿，干三（好）着说不成！"

典型故事

临夏市折桥镇的王小红，是一名年近六旬的农村妇女，家中有地 0.14 公顷，家里经济来源主要是种植玉米和零散打工。王小红和丈夫有两个孩子，都已经考上了大学。尽管这是王小红一直以来引以为傲的事，但是对于一个农村家庭来说，同时供两个大学生读书十分艰难，日子一直过得紧紧巴巴。

一藤一瓜新农业，每家每户增收益。临夏高原西瓜给折桥镇农民带来了"盛夏的果实"。在引进高原西瓜项目后，王小红将自家土地流转了出去，并在附近的西瓜基地工作。王小红对待工作认真仔细、勤勤恳恳，她负责的大棚中，西瓜的长势很好，产量也很高。在技术人员的帮助下，她的种植技术得到快速提升。王小红还不忘帮助其他农户学习西瓜管护技术，在她的带领下，村里的一些农妇也熟练掌握了管护技术。像王小红一样在西瓜大棚务工实现增收的，还有几十名贫困家庭的妇女，说起以往的生活，大家无不感叹："以前掌柜的外出干活，家里老的老、小的小，眼巴巴等着寄钱回来买米买面，现在我们自己挣钱，又能顾家，真好！"

第四篇 包容性与韧性

"全面小康路上不能忘记每一个民族、每一个家庭。""我们的方向就是让每个人获得发展自我和奉献社会的机会,共同享有人生出彩的机会,共同享有梦想成真的机会,保证人民平等参与、平等发展权利,维护社会公平正义,使发展成果更多更公平惠及全体人民,朝着共同富裕方向稳步前进。"果业扶贫,重视包容性发展,对有意愿的贫困户争取全覆盖,并实施"一户一策",有针对性地确定扶贫方式。同时,通过财政、金融、保险等多种措施,促进产业稳定发展,保证农民收入稳定增长,确保扶贫效果的韧性。

老产业新思路　砀山酥梨再创辉煌
——安徽省砀山县酥梨产业减贫惠农案例

焦点观察： 安徽省砀山县水果种植面积占耕地面积70%以上，是名副其实的"水果立县"。砀山酥梨种植历史悠久，经历了黄金发展期—低谷期—再创辉煌的发展历程。酥梨产业的再次发展源于政策保障、资源整合利用、产业链延伸、品牌建设、电商销售、数字农业等多种方式的综合运用，特别是果菌肥结合、农旅结合、农文结合、农工结合、农贸结合等方面的创新。产业的复兴实现了经济发展，带动了脱贫致富，涌现出了以李娟为代表的一批妇女、年轻人、残疾人等弱势群体脱贫的典型，谱写了许多励志图强的感人故事。

一、发展背景

砀山县位于安徽省最北部，面积 1193 平方公里，辖 16 个镇（园区），总人口 100 万。2012 年，砀山县被列为国家级贫困县，建档立卡贫困人口 4.92 万户 10.24 万人，贫困发生率 12.2%。砀山县水果种植面积占耕地面积的 77%，其中酥梨面积 2.67 万公顷，产量约 110 万吨。2010 年 4 月被吉尼斯纪录认定为世界最大的连片果园产区。

砀山县地处黄河故道，千百年来因河道淤塞、洪水频繁泛滥，形成大面积沙荒和冲积平地，土壤属于典型的沙土和泡沙土，这为酥梨生长提供了独特的土壤环境，为酥梨的品质形成奠定了良好基础。砀山酥梨种植历史悠久，有 2500 多年的历史。明万历年间修编的《徐州府志》里就记载了"砀山产梨"。明清时期，砀山酥梨渐成规模，明万历、清乾隆时安徽砀山梨被列为贡品，并被中医称为"果中甘露子，药中圣醍醐"。

上世纪 90 年代前，砀山酥梨走过了黄金发展期，1990 年销售价格达到 6 元 / 公斤。但随后整体效益下滑，陷入了卖果难、效益低的困境，主要原因：一是酥梨畅销吸引了国内不少果品产地引种发展酥梨，同时其他新品种梨大量种植和上市，导致传统梨品种出现供大于求。二是产地农民普遍追求产量，忽视质量，有机肥使用少，化肥使用多，导致品质降低。三是果实成熟期集中，销售模式单一，收获后短时间难以销售，而果品储藏以自然冷源储藏方式为主，导致梨果储藏期、销售期过短，且损耗较大。四是果品加工产业发展滞后。

二、主要做法

（一）立足当地优势，政策扶持，做强梨产业。立足当地优势，砀山县制定了"产业发展十三五规划"，确立了以酥梨为主导的产业发展方向，出台特色种养业产业扶贫补贴方案，鼓励贫困村、贫困户发展酥梨产业；强化基层监管能力，加强执法监管，加快质量安全追溯体系建设及应用；探索兜底机制，引入果树种植保险，解决产业发展后顾之忧；积极争取国家冷库建设补贴资金，解决产后冷藏保鲜；多途径筹集资金，完善产地农田水利等基础设施建设；实施新技术入村进户，结合梨树生长季节，组织农技人员通过分包农户、举办田间培训班等多种方式，推广农药化肥减量增效先进实用技术，示范病虫害绿色防控技术，加速数量型生产向质量型生产转化。

（二）发展果品加工业，延长产业链，增加附加值。近年来，砀山县持续出台优惠政策，大力推进水果加工业发展。目前，汇源集团、科技食品、海升集团等全国水果加工知名企业先后落户砀山，进行系列产品开发，初步形成了以水果加工产业链为纽带的"企业簇群"。积极扶持壮大本地梨加工企业，安徽梨多宝生物科技股份有限公司、安徽龙润堂生物科技有限公司等加工企业，通过开发梨罐头、梨膏、梨酒、梨汁等多种产品，延长了酥梨产业链，提高了附加值。企业与农户逐步建立健全了利益联结机制，有效解决了农户酥梨销售难的问题，为贫困村、贫困户发展酥梨产业吃下了"定心丸"。

（三）深挖产业潜力，变废为宝，实现内循环。砀山县酥梨面积大，每年因果树修剪产生的枝条多达4亿公斤。为了将修剪产生的枝条变废为宝，砀山县委县政府牵头进行多方咨询和充分论证，确定了利用废弃枝条发展食用菌，菌袋废弃物生产菌肥用于树体的综合利用方案。将废弃果树枝条粉碎熟化，制作成栽培食用菌的培养基，出菇后的菌袋废弃物全部生产生物菌肥，再施用于果园梨树，探索出了农业废弃物循环利用的新模式，开辟了脱贫致富的新路子。

（四）依托特色产业，整合资源，发展新业态。砀山县依托连片果园与百里黄河故道的生态资源优势，在农旅结合上下功夫，发展乡村旅游，大力发展生态观光、酥梨采摘、休闲度假等新业态。持续丰富乡村旅游内涵，促进一二三产业融合发展，在打响"砀山酥梨"品牌的同时，打造乡村旅游节庆活动，促进富民增收。坚持脱贫攻坚与美丽乡村建设、生态建设、环境保护相结合，充分发挥果林特色资源优势。通过"农庄＋游购""生态＋文化""景区＋农家"等模式开展扶贫工作。在"农文结合"上出新招，以"梨花节""酥梨采摘节""跑马节"等多种节日为载体，展示唢呐、斗羊、版画等民间技艺，提炼并传承书画文化、体育文化和马背文化。在普及非遗知识的同时，也为砀山增添了浓浓的传统文化氛围。砀山县现已成为全国马拉松银牌赛事举办地和全国马术最高星级赛事承办地。

（五）扩大品牌知名度，宣传推广，促进品牌化。砀山县大力推进特色农产品区域品牌建设工作，提升品牌价值。依托新型经营主体注册了"砀园""翡翠"等10余个农特产品品牌，并获"安徽省著名商标"称号。充分利用报刊、网络、电视等媒体，宣传砀山酥梨品牌。联合中央电视台财经频道、知名网络直播平台以及京东、苏宁等电商平台，举办系列活动，宣传提升砀山酥梨品牌知名度。携手华铁传媒，联合打造"砀山酥梨区域公共品牌"高铁列车，以合肥为中心，逐步向上海、南京、深圳等城市传播，多维提升砀山酥梨区域公用品牌的价值、热度及影响力，扩大砀山酥梨品牌的知名度和美誉度。以建设皖北酥梨标准化种植、加工基地为重点，按照高产、优质、高效、生态、安全的要求，因地制宜开发、扶持绿色示范企业，培育绿色主导产业，推进砀山县酥梨示范区和有机产品认证示范区建设，有效提升砀山酥梨知名度和美誉度。

（六）提升数字化，创新思路，品质效益上台阶。2015年以来，砀山县依托专业大户、家庭农场、农民合作社等新型经营主体，实施集酥梨树网上认领、农业技术指导、农产品质量安全追溯、果园远程监控管理、农业电子商务、休闲观光农业于一体的"数字果园"工程。构建果园数字化管理、专家在线咨询、社会化信息服务、农产品电子商务、质量安全可追溯、拓展农业多功能六大体系，推动水果从生产到销售全程数字化、精细化、智能化。创新"政府+电商龙头企业+农户""电商服务中心+培训+农户"模式，建设电商扶贫驿站，完善电商培训体系，探索"益农信息社+电商平台+线上线下市场"的新模式，加强与电商平台合作，拓宽销售渠道，扩大销售规模。

三、主要成效

（一）生产水平持续提升。完善了道路桥涵、排灌系统等基础设施配套，有效提高了果园水利化、机械化、电力化、规模化、集约化、市场化、病虫防治统一化水平。加快推进水果物联网工程建设，进一步完善了水果物联网综合服务平台等软件、硬件设施和设备。2021年示范区果园平均单产提高10%左右，病虫果率比普通果园下降20%以上，果园亩均效益提高1000元以上。在黄河故道沿线砀山酥梨核心种植区，全面打造集智能化管理、标准化生产、品牌化销售、农旅相结合为一体的砀山"一号梨园"，综合运用农业物联网和绿色防控、生态栽培技术，对梨园实现全天候控制和智能化、数字化、精细化管理。目前，已建成33公顷以上标准化果园35个，标准化

栽培果园面积 2 万公顷以上，水果优质果率达到 90% 以上，水果总产值 52 亿元以上。

（二）循环农业蓬勃发展。探索开辟了果—菌—肥—果循环农业生产模式，建成食用菌菌棒生产基地 10 个，出菇大棚 216 个，食用菌基地 6.4 万平方米。每年可消化废弃果树剪枝 2500 万公斤，节约木材 7.5 万立方米，每亩可为果农节约投资 400—600 元，菌袋废弃物全部生产生物菌肥，施用于果园，实现废物零排放。开发了富有扶贫情怀的"亲菇""亲耳"等区域公用品牌，累计带动贫困户 4000 余户，户均增收 1000 元以上。

（三）产业链不断完善。砀山县现有市级以上龙头企业 133 家，其中国家级 2 家，省级 19 家，市级 112 家。成立了科研生产联合体——砀山酥梨研究院，实施科技创新，积极指导企业开展产品检验、研究开发、产品改进和市场开拓。新型职业农民、水果种植专业大户、家庭农场等服务组织发展迅速，现已成立 1311 个水果合作社、1547 个家庭农场。初步建立了从生产到储藏，从鲜食水果到罐头加工、浓缩果汁、梨膏、果胶提取、果渣综合利用等一整套水果生产、储藏及加工产业体系，生产链条不断延长，产品附加值显著提升。以龙润堂生物科技有限公司、兴达罐业食品有限公司、梨多宝生物科技股份有限公司为代表的一批水果精深加工企业，实现了种、加、产、供、销一条龙融合发展。

（四）电商销售不断拓宽。建成了益农信息社服务体系，实现农业行政村全覆盖，将农业信息资源服务延伸到农户。大力发展农产品电子商务，实施"互联网＋水果"，培育出了"鲜果时光""桃如意""带澳飞""背个果果""蜜果恋""童年的味道"等 1500 余个农产品电商品牌。依托京东、淘宝、苏宁易购、砀山馆和县镇村三级电商物流平台，大力推广砀山"一号梨园"精品酥梨，打造高端定制产品，构建线下农超对接、线上电子商务为主体的营销体系，2020 年农产品电商销售额突破 40 亿元。

（五）品牌效应逐渐凸显。已有约 3300 公顷砀山梨生产基地获得全国绿色食品原料标准化生产基地认证，实现了全县农产品质量安全监管检测全覆盖。砀山县先后获得国家级农产品质量安全县、首批绿色防控示范县、中央财政果菜茶有机肥替代化肥新增试点县称号。砀山酥梨先后荣获中国果品区域公用品牌 50 强、全国互联网地标产品 50 强等荣誉，名列中国果品区域公用品牌价值榜第 18 位，品牌价值 190.64 亿元。

（六）乡村旅游快速发展。乡村旅游已成为全县脱贫致富阳光产业。以生态乡村旅游景区为依托，支持农户开办农家乐或从事旅游经营服务、旅游商品产销，形成"景区＋贫困村＋农户"的扶贫模式。开辟了梨树王、乾隆御植园、黄河故道湿地等多条生态乡村旅游线路。鼓励引导贫困户围绕景区自主创业，发展农副产品加工、农家垂钓园及农家乐等民宿经济，实现由传统农业向三产服务业转型，形成一业带多业、多业促一业的发展格局。现已形成乡村旅游重点村 17 个，开办乡村旅游的农户 200 余户，带动 2 万余人就业，其中 2130 户贫困户实现脱贫，年人均增收 1.5 万元以上。乡村旅游已成为拉动砀山群众脱贫致富奔小康的新引擎。

典型故事

李娟（女，36 岁，初中学历）是砀山县唐寨镇唐寨村魏庄自然村村民。2008 年身患脊髓性空洞症，全身瘫痪。面对病魔，她自强不息，不能做体力劳动，就发挥大脑的智慧。2015 年冬，自家库存的 1 万公斤苹果滞销，心急如焚的她抱着试一试的想法，开始学做微商，销售自产水果和其他农特产品。她用嘴咬着触控笔在手机上操作，做成了一单单交易。第一年她不仅卖完了自家苹果，还帮着邻居销售酥梨、黄桃罐头等 1.5 万公斤。2016 年，李娟在网上卖水果挣了 5 万多元。2017 年，全家人不仅把贫困户的帽子摘了，还搬进了新房子。

李娟只有脖子以上可以有限活动，做电商的难度可想而知。身子不能动，她就告诉父母怎么用手机给水果拍照，父母拍好后，她再仔细挑选，选出最能凸显水果形状和色泽的照片。如有顾客咨询水果信息，她就用嘴咬住触控笔，一个字母一个字母地拼，跟顾客交流，商谈价格。别人用手指几秒钟完成的句子，李娟常常需要几分钟甚至更久。一场沟通下来，浑身都是汗，久而久之，嘴里磨出了血泡，牙齿咬出了豁口。李娟常常因为自己打字慢和顾客说抱歉，但从不主动表明自己残疾人的身份。她希望顾客下单是因为她家的水果口感好、斤两足、服务好，而不是出于同情心。看到女儿经常忙到夜里两三点，李娟父母十分心疼，劝她歇着，可李娟乐在其中，"人穷志不穷，自己挣来的饭，才吃得香"，"我从中找到了存在的意义。比起过去每天绝望地看着天花板，我更喜欢这样有成就感的生活"。李娟身残志坚、奋发图强的创业精神和坚韧不拔的拼搏精神，得到社会各界高度关注。在各方帮助下，2017年李娟开了微店"砀山特色馆"，成立了"砀山娟秀电子商务有限公司"，注册了"祥奥娟"商标。

  李娟始终怀着一颗感恩之心去回报社会。在砀山残疾人微信群里，她经常分享自身经历，对于大家的疑惑以及在电商创业中碰到的难题，她都耐心解答，被大家亲切地称为"知心小姐姐"。唐寨镇土楼村村民唐怀志（25岁）是一名脑瘫患者，走路歪歪扭扭，说话支支吾吾，是村里的贫困户。在李娟的带动下，他开起了淘宝店，做起了电商，收获了效益。他感慨地说："李娟躺在床上都能养活自己，我的双手还可以活动，双脚可以走动，为啥干等着政府来救济呢。"李娟由一个重度瘫痪的"绝望者"成为脱贫攻坚工作中的"示范者"和"帮助者"。

　　李娟的感人故事使她成为远近闻名的"励志网红",同时也荣获了全国脱贫攻坚奖奋进奖、全国自强模范、中国好人、全国"三八"红旗手、中国青年五四奖章、全国"最美志愿者"等称号。虽然获得了如此多荣誉,但李娟始终认为,踏踏实实做好自己的事业,帮助更多需要帮助的人就是对自己人生最好的诠释。

"不落一人"的马家柚产业致富梦
——江西省上饶市广丰区马家柚产业减贫惠农案例

焦点观察： 减贫不仅是经济问题，更是社会问题。江西省上饶市广丰区坚持产业帮扶"不落一人"，走出了一条贫困户参与度高、增收可持续、特色产业竞争力强的产业扶贫道路。"零星种植、认购种植、爱心种植"的模式，既充分考虑了贫困户的实际情况，又调动了社会力量参与扶贫。"支部＋合作社＋基地＋农户"的模式，发挥了中国共产党员的带头作用和奉献精神。产业的发展，使贫困户的"脱贫梦""就业梦""致富梦"，与广丰的"强区梦"相互交织，也相互成全。

一、发展背景

广丰区隶属江西省上饶市,区域面积 1378 平方公里,人口近百万。2019 年,广丰实现生产总值 438 亿元,财政总收入 55.5 亿元,综合实力连续 22 年保持全省第一方阵、全市领头羊位置。

广丰山地多,耕地少,区情决定了种植业发展的出路在山区。2009 年,广丰提出"在山上建造一个绿色银行",实施"兴果富民"战略。2018 年以来,广丰以"选择一个成熟产业"作为核心理念,通过选强选优,把马家柚作为扶贫主导产业。主要基于三点考虑:一是产业品牌好。马家柚是广丰选育的本土品种,具有富含番茄红素、果味清香、出汁率高、耐储运等优点。广丰马家柚获得了国家地理标志保护产品和农产品地理标志保护双重认定,获江西省地方柚类第一名、华东十大精品水果、中华名果、中国果品 50 强、互联网地标 50 强、2017 年消费者最喜爱的区域公用品牌等荣誉,市场前景广阔。二是种植优势大。马家柚在广丰已有百余年种植历史,村村有产业基地,农户房前屋后多数都有种植,初步形成了育苗—种植—加工—销售—金融为一体的产业链。三是贫困户受益强。马家柚种植技术成熟,产业收益可观,盛果期管理好的果园亩均收益可达 1 万元以上。

经过几年发展,全区马家柚种植面积逾 1.2 万公顷,千亩以上种植基地 13 个,百亩基地 300 余个,种植户 5 万余户。广丰走出了一条贫困户参与度高、增收可持续、特色产业竞争力强的产业扶贫新路,确保了脱贫攻坚高质量、可持续,乡村振兴有产业、有活力。

二、主要做法

（一）健全利益联结机制，推进种植模式多样化。一方面，推行"公司＋基地＋贫困户"的产业发展模式，引导龙头企业、农业大户进驻扶贫村，带动贫困户通过土地流转、资产收益、基地就业、技术服务、规模种植等方式，增加贫困户收入。另一方面，推行"干部＋贫困户＋致富树"的特色产业扶贫方式，按贫困户"每人不少于3棵、每户10棵以上"的产业扶贫目标，实现全覆盖。在柚苗选择上严格把关，一律采购树干直径3厘米以上的柚苗，确保早挂果早收益。在种植模式上，坚持因人施策，针对有种植意愿和种植地点的贫困户，推行贫困户"零星种植"；针对无种植地点或无劳动能力的贫困户，由其选择到种植基地认购马家柚树，推行"认购种植"；同时倡导和鼓励社会各界人士与贫困户结对帮亲，推行"爱心种植"。通过"零星种植、认购种植、爱心种植"三种模式，确保所有贫困人口都能享受到特色产业扶贫收益，实现产业帮扶"不落一人"。

（二）强化跟踪指导，推进技术服务专业化。广丰区积极构建零距离技术指导体系，解决贫困户缺乏种植技术的问题，增强贫困户种植信心。一是搭建"线上"信息交流平台，充分利用微信等网络平台，建立马家柚技术交流群，在群里传阅学习《马家柚产业发展与栽培技术问答》等科普资料，及时解答农户的技术问题，为种植提供便捷的技术指导。同时，及时向全区贫困人口和帮扶干部发布气象灾害预警及马家柚种植管理实时指导提醒服务，为扶贫产业发展保驾护航。二是提供"线下"技能普及服务，依托农业部门、

马家柚协会等技术力量，分批次举办种植培训班，加强对贫困人口、帮扶干部种植技术的普及培训，实现贫困人口脱贫能力和帮扶干部帮扶能力"双提升"。以乡镇（街道）为单位成立马家柚服务小分队，采取小分队驻村指导、帮扶干部入户指导方式，加强对贫困户柚树管理的实时指导、跟踪服务，面对面、手把手指导，提高贫困户种植技术。

（三）整合保障要素，推进政策扶持全面化。充分发挥党委、政府主导作用，建立完善要素保障机制，推动特色产业扶贫取得实效。一是强化政策激励。制定出台《大力推进马家柚产业发展的实施意见》《广丰区产业扶贫到户奖补项目实施办法》等产业扶持文件，实施一系列奖补激励政策，并设立金融产业扶贫小额贷款，激发贫困户发展产业的内生动力。二是坚持线上线下相结合，采取电商线上销售、合作社兜底销售、特色活动推广销售、爱心人士认购销售等方式，多措并举，拓宽销售渠道。2019年，仅特色活动现场签约订单就达到600万公斤，交易额1.2亿元。三是强化各级帮扶干部产业帮扶责任，做到"三帮"，即帮种、帮管、帮销。种植和认购的苗木资金由区财政、帮扶单位（帮扶干部）按一定比例共同负担。鼓励社会爱心人士、马家柚种植企业、马家柚育苗企业等通过捐款、捐树、托管等方式助力扶贫，全面降低贫困户种植成本，让贫困户轻装上阵。

三、主要成效

广丰区坚持把产业扶贫与乡村振兴紧密结合，有机衔接，助推乡村振兴战略有效实施。

（一）产业让农民实现"致富梦"。在果农眼中，马家柚就是黄金果。按每亩种植30株，一株盛果期的柚树平均可挂75公斤果实（50个果以上），产地批发价4元/公斤估算，亩产2250公斤，亩产值近万元，除去人工、肥料、林地租金等成本，利润占比可达40%—50%，户均增收超过1万元/年，实现了"户种一亩柚、走上致富路"的目标。同时，通过强化教育培训和技术服务，既让贫困户掌握种植技术，增加其脱贫致富信心，同时也培养出一批马家柚种植"土专家""土秀才"，使其成为乡村振兴的"领头雁"。

（二）产业让农民实现家门口"就业梦"。以往广丰人走南闯北、外出创业的足迹遍布每一个省市。而今，因为马家柚产业，广丰人放下背包，扛起锄头，或自己种植，或帮助他人管理，或到果园做事，或从事包装箱生产、柚果包装、销售，或从事柚子加工，或从事乡村旅游等，解决了一批批广丰人的就业问题。他们既照顾了家里，避免了留守儿童等社会问题，又得到了可观收入，也发展了乡村经济。

（三）产业让贫困户实现"脱贫梦"。产业是强区之本、致富之源、脱贫之基。马家柚特色产业扶贫壮大了村集体经济，实现村集体经济收入与贫困户收入双增长。比如大南镇古村，大力推行企业出资、村集体出力、农户（贫困户）出地的"企业＋村集体＋农户（贫困户）"模式，与农业开发公司合作种植马家柚原种苗，村集体将流转的近 50 公顷土地作为资源入股苗木公司，流转工作及费用由村集体承担，农业公司负责经营管理，村集体收入年终保底 10 万元。桐畈镇由镇政府、当地农林种养专业合作社、村集体、农户（贫困户）四方签订产业扶贫项目带贫协议书，镇政府将产业扶贫资金以入股股金的形式投入到当地合作社（所投入的资金中，80% 作为镇政府入股资金，20% 作为镇政府无偿支持合作社用于产业发展项目的投入），由合作社组织经营管理，村集体根据收益情况制订当年产业扶贫项目收益分配计划，农户（贫困户）享有优先用工权并享受收益。2020 年 7 月，广丰区马家柚产业扶贫经验入选"国务院产业扶贫典型案例"。

（四）产业为广丰拓展了"强区路"。广丰马家柚作为区域品牌，已成为广丰的又一张亮丽名片。广丰将马家柚产业作为农业产业结构调整和农业供给侧结构性改革的主导产业，依托马家柚产业推进乡村旅游业、包装业、加工业、电商业协同发展，实现一二三产融合。2020年,广丰马家柚全产业链综合产值逾10亿元。

典型故事

林华,男,出生于1975年,广丰区排山镇牌门村人,共产党员,现任排山镇牌门村党支部书记、广丰区松华绿色农业开发专业合作社理事长。荣获江西省种养大户类先进个人、全省"学用致富标兵"、全市"优秀共产党员"等称号。

排山镇牌门村,基础条件差,以前是典型的路途偏远山区贫困村。2008年,林华自筹资金吸引带动本地群众成立了广丰区松华绿色农业开发专业合作社,将周边87户零散种植农户联合起来。合作社以马家柚种植和苗木培育为主导产业,始终坚持服务产业发展、统一产品流通销售、带动农民增收致富的发展宗旨。林华带领4个村104户贫困户发展马家柚种植,每户增收1.5万元/年。目前,合作社已有社员200余名,马家柚种植面积从2010年的6.7公顷发展到现在的近70公顷,年产马家柚25万公斤,并创建了"松华牌"马家柚品牌,带动了当地果品产业快速发展。

合作社重视与农户形成利益共同体,实行"合作社＋基地＋农户及贫困户"的发展模式和利益联结机制,带动农户共同富裕。合作社实行统一生产标准、统一规划、统一品种、统一生产资料采购、统一品牌、统一包装销售的"六统一"经营模式，并采取"定期收购、定期结算、保底分红"等措施，切实降低了生产成本，并充分利用"松华牌"马家柚品牌的影响力，为社员和贫困户增加收入。合作社积极与华中农业大学、江西农业大学等高等院校进行产学研对接，开展马家柚无核化栽培及品种改良，邀请广丰区农业局技术专家到基地现场进行技术指导，培养了一批懂技术、会经营的职业农民队伍，提高了组织化程度，实现了由一家一户"各自为战"的小生产到"抱团"对接大市场的转变，农户应对市场风险的能力显著增强。

合作社通过组建党支部，积极探索"支部＋合作社＋基地＋农户"的党建新模式，坚持支部抓合作社、合作社促基地、基地带农户，形成以支部为核心，以合作社为纽带，以产业基地为依托，党支部、合作社、基地及农户互动共振的新格局。社员廖列兴在加入合作社前，全家只能维持温饱，总想外出打工改善生活条件。林华动员他加入合作社以后，在党支部的支持和帮助下，年底不仅可以领到合作社的分红，平时还在合作社做事，自己也种植了2公顷马家柚，全家年人均收入6000多元，既赚到了钱又可以照顾家里。拿他自己的话说："合作社是我的家，马家柚是我孩子，它可是金元宝啊。"

百香果：扬帆起航万里飘香

——云南省德宏傣族景颇族自治州百香果产业减贫惠农案例

焦点观察： 在电子商务及新技术应用推广的带动下，云南省德宏傣族景颇族自治州的传统百香果产业迸发出了新的活力。通过构建"公司＋基地＋合作社＋农户"的百香果产业扶贫模式，实行科学种植，促进果脯果酒加工及休闲农业等一二三产融合发展，当地成功实现了农户"当年栽培、当年收成、当年脱贫、不易返贫"，小小的百香果变成了当地老百姓的扶贫果、致富果和幸福果。德宏州的实践表明，选对了产业发展方向，抓好了技术与质量，培育出行业龙头和致富带头人，产业扶贫、产业振兴的路子就能越走越宽。

一、发展背景

云南省德宏傣族景颇族自治州是一个集边境、民族、贫困于一体的少数民族自治州,全州有 4 个贫困县、186 个贫困村,其中 53 个是深度贫困村,共有建档立卡贫困人口 15.19 万人,2014 年综合贫困发生率 16.05%,属滇西边境集中连片特殊困难地区。

云南省是中国较早产业化发展西番莲的地区,德宏是百香果种植最适宜区域之一。1992 年德宏开始种植西番莲,但由于缺乏科学规划,种植的西番莲品种为老品种,口味偏酸,只适合加工,加上种植技术问题,导致产量和价格偏低,经济效益不高。此后,由于百香果病毒病的大量暴发,西番莲产业逐渐衰落。

2016 年以来,百香果在鲜食市场受到热捧,成为了网红水果,国内市场需求逐年增加。随着百香果优良品种和新技术的推广,德宏百香果进入快速发展时期。在脱贫攻坚工作中,百香果起到了"小果子"助力农户脱贫的大作用。2020 年底,全州百香果种植面积 3800 公顷,总产量 4.56 万吨,总产值 2.28 亿元。

二、主要做法

(一)政府重视引领发展。一是出台产业发展扶持政策。芒市政府出台对建档立卡贫困户种植百香果的扶持政策,提高了群众种植百香果的积极性。盈江县财政统筹安排涉农资金扶持梯改、引水和节水灌溉设施建设;扶持基地运输道路建设,方便肥料、棚竿和种苗等农用物资和果实销售运输，减少劳力投入；支持接通生产生活用电，方便生活和肥水一体化节水灌溉等。二是科技引领。开展技术创新，解决产业发展中存在的技术性问题，2019—2021年州经济作物技术推广站在全州800—1600米6个不同海拔地点，对4个品种进行了适应性试验，为不同海拔种植最适宜品种提供了依据。2019年芒市农业技术推广中心与科研院所合作开展脱毒组培苗研究。2020年引进哥伦比亚热情果、黄金果等新品种。2021年开展不同种植规格模式探索、反季节种植示范和种苗供应体系建设，逐步解决百香果产业发展中存在的主要技术问题。

（二）企业助力促发展。一是党建引领。打造"党旗领航•百香果产业扶贫"党建品牌，创新支部组建方式，把党支部建在项目上。在万高农业建立瑞丽万高党支部，支部党员脚踏实地，勇毅笃行，深入中缅边境田间地头，充分发挥党组织和党员的战斗堡垒和先锋模范作用，引领企业健康发展。二是创新发展促生产。以"公司＋基地＋合作社＋农户"为主要生产组织模式，与贫困村结对帮扶。通过与瑞丽农产集团进行混合所有制改革合作，与当地8家合作社建立稳定良好的合作关系，实现农民、合作社、国有企业和民营企业各资源方的有机结合，在促进农民持续增收的同时，为年轻人返乡就业、返乡创业创造更多机会，充分调动产业发展各主体的积极性。通过种源管控、规划先行、种植技术保障等方式，构建包含种苗研发、农资配送、技术指导、采收分选、加工制作等内容的百香果种植加工体系，提高单位产值。积极推动校企合作，注重招募优秀专业人才，加快新品种新技术研发推广与转化应用。加大本地技术型人才培养力度，针对种植户举办各类技术培训班 120 期，培训人员 1.1 万余人次，为行业发展和村集体经济增收提供智力支持。三是构建全产业链发展模式。建设占地 35 公顷的芒市万禾农产品国际物流园，构建包含批发市场、集配中心、冷链物流、城市配送、市场营销的现代农产品物流体系。成立云南德宏志禾食品有限公司，建成配套果脯、果酒加工车间，解决尾果、次果加工问题，延长产业链，增加产业边际效益。发展农旅结合的"高原精品农业"，在云南最美乡村——陇川县户撒阿昌族乡的百香果示范基地构建包含农业休闲、乡村旅游、品牌建设、文化教育等内容的百香果文化服务体系。基本形成各县市百香果生产有龙头企业带动，流通靠龙头企业组织，加工由龙头企业做后盾的发展格局。

（三）能人带头共致富。们从亮是梁河县九保阿昌族乡横路村一名精明能干的阿昌族致富带头人。2019 年一次串亲戚的机会，他看到当地种植百香果效益很好。回来后，他就流转土地种植百香果 13 公顷，争取小额信贷资金支持 30 万元，当年实现产值 160 万元。同时，他带动周边 50 岁以上阿昌族妇女就地务工，长期雇用 5 人以上，平均 10 个月，用工 1500 个。按每人每天 70 元计算，这些农户可收获务工费 15 万元。

三、主要成效

（一）发展起步虽晚但收效又快又好。2017 年，德宏州主要经济作物为糖蔗、烟叶、橡胶、咖啡，平均亩产值不超过 3000 元。与其他经济作物相比，百香果平均亩产值达 8000 元以上，具有投入较少、

回报较高的特点，是少数可以实现"当年栽培、当年收成、当年脱贫、不易返贫"的经济作物。虽然德宏州百香果产业起步较晚，但是发展较快。与2017年相比，2020年百香果种植面积增长了9倍，产值增长了5倍。近三年，德宏出产的优质百香果产量商品率（指商品果产量占总产量的百分比）及市场销售价格均居全国之首。

（二）发展时间短但脱贫致富效果明显。德宏坚持质量兴农，推进农业绿色化、优质化、特色化、品牌化，保证了百香果质量，打造了"万高""阿昌一果"等行业品牌，使百香果成为了德宏的绿色生态高品质农产品名片。在各级政府、农技推广部门、当地群众、经销商共同努力下，百香果产业取得了良好的社会、经济和生态效益。百香果种植让许多建档立卡贫困户过上了脱贫致富奔小康的幸福生活。百香果已成为山区半山区农民增收致富的主要产业，是全州如期脱贫摘帽的重要保障。

典型故事

刘永堂，男，德宏州芒市轩岗乡芹菜塘村民委员会红竹场村民小组村民。红竹场是芹菜塘村委会海拔最高的一个村民小组。2012年因山体滑坡，芹菜塘村委会被列为整村搬迁的地质灾害贫困村。刘永堂带着两个年幼的孩子，家里没有任何经济来源，再加上搬迁购买宅基地、建盖新房，31岁的刘永堂背上了十多万元的债务。生活的负担让刘永堂寝食难安，到新的居住地生活后由于缺资金、缺技术，他只能靠打零工维持生活。2019年，村里举办建档立卡户产业技术培训班，在培训班上他听说了百香果种植产业，了解到政府每公顷补助4500元。培训结束后刘永堂当机立断，流转1.06公顷土地种植百香果，当年收入6400元。紧接着，他又流转了0.6公顷土地种植百香果，2020年种植百香果收入达到10万元左右，彻底摆脱了贫困。刘永堂成了当地的百香果致富能手。

2020年11月，刘永堂成立了新琳水果种植专业合作社，开展百香果种植和经营销售。合作社现有成员30户，其中建档立卡户15户。他带领本村群众共同致富，成了当地产业发展的致富带头人。

甜蜜的"柿"业
——陕西省富平县尖柿产业减贫惠农案例

焦点观察： 世界柿子的优生区在中国，中国柿子的优生区在富平。陕西省富平县坚持地域特色，通过规划及政策加持，新型经济主体引领，借助高新技术及产学研合作，培育了"富平尖柿"公用品牌。在脱贫攻坚过程中，富平县推行"党支部＋龙头企业（村级集体经济组织、合作社）＋贫困户"的产业扶贫模式，富平尖柿由"小特产"变成了脱贫致富的大产业，帮助2200多户贫困户实现脱贫，吸引返乡青年、农村妇女、残疾人3万人从事尖柿种植、柿饼加工、电商服务，激发了他们的内生动力，体现了产业发展的扶贫效应、社会效应。

一、发展背景

富平县总面积 1242 平方公里，耕地 6.73 万公顷，总人口 82 万，辖 16 个镇（街道）、268 个行政村，其中脱贫村 82 个。脱贫攻坚前，全县城乡居民人均可支配收入分别为 28213 元和 9537 元。富平县是世界闻名的柿子优生区，柿子生产历史悠久，汉代初年就有栽植，距今已有 2000 余年。富平柿子产业以尖柿为主，其果实最宜制饼。富平尖柿被誉为"制饼珍品"，早在明朝万历年间富平柿饼就曾作为贡品进献皇帝。富平柿饼具有个大、霜白、底亮、质润、味香甜的特点，深受国内外消费者青睐。

富平县基本形成了柿子规模化种植、产业化发展、品牌化营销的新格局，已成为中国最大的柿子种植基地县，柿子已成为当地促农增收、脱贫致富的特色产业之一。富平县柿子产业存在的问题，主要表现在：一是产业适度规模化程度低。全县从事产业发展的经营主体总体规模较小，柿子种植及加工以家庭式居多。二是科技化、产业化水平不高。柿饼加工周期短、时间紧，机械化程度不高，除柿饼销售外，其他柿子产品增值潜力还未充分挖掘，产业链条短，产品种类单一，产品附加值不高。三是产品质量参差不齐，品牌意识不强。生产经营主体以小规模经营为主，龙头企业带动效应不大，抵御市场风险能力不强，产业化经营还有待进一步加强。产业品牌化、规范化程度不高，监管体系不完善，品牌保护意识不强，小而多、杂而乱的现象仍然存在。

二、主要做法

近年来，富平县坚持园区化、规模化、工业化、品牌化发展，构建了以富平尖柿为主导的特色果业发展新格局，为打赢脱贫攻坚战奠定了坚实基础。

（一）坚持地域特色，强化规划引领。围绕如何把"小特产"变成大产业，富平县立足资源禀赋和产业基础，编制了《尖柿产业规划》，出台了《关于进一步做大做强富平尖柿产业的决定》《富平县产业扶贫扶持办法（施行）》《富平县尖柿产业高质量发展意见》等系列政策文件，明确了产业发展定位和阶段性目标，有力推动了柿子产业健康发展。

（二）坚持规模效应，强化政策扶持。实行特色产业发展扶持政策，对种植户和加工企业、销售企业根据规模、产值等给予一定的资金奖补和项目支持，鼓励企业和个人建设产业基地和特色产业园区，扩大产业规模。围绕特色产业发展集体经济，调动群众发展特色产业的积极性。在脱贫攻坚期间，对从事柿子产业的贫困户每公顷补助 6000 元、非贫困户每公顷补助 4500 元，并对建设柿饼加工园区的给予项目和资金支持。

（三）坚持服务至上，强化要素保障。做好特色农业，服务是核心、保障是关键。建立富平尖柿特色产业专家站，建设西北农林科技大学试验站，聘请柿行业知名专家教授指导特色产业发展。坚持引种、培育、研发与推广相结合，成立富平尖柿良种试验示范研发中心，建立国家柿种质资源圃品种试验示范繁育推广基地，开展尖柿太空

育种试验，不断探索打破良种应用制约瓶颈。

（四）坚持精深加工，强化龙头引领。把培育新型经营主体作为发展特色产业的重中之重，大力引进和培育涉农龙头企业，先后引进永辉超市、陕西云集、陕西大方等多家企业。积极支持集体和个人领办创办合作社、家庭农场等新型经营主体，参与柿子行业发展。鼓励企业开展产业社会化服务。加快推动柿园综合体建设，建设陕西沐梵柿子庄园、富平县天玺柿子小镇等集柿树栽植、柿饼生产、加工销售、休闲观光、农事体验和文化旅游为一体的柿子三产融合示范区，开发以"中国柿乡"为主题的系列乡村旅游。

（五）坚持市场导向，强化品牌建设。品牌是商品综合品质的体现和代表。在特色产业发展过程中，始终把品牌建设作为关键。一是创名牌。大力培育和创建公用品牌，举办文创设计大赛，实行奖励政策，使企业品牌意识显著增强，全县有 SC 认证的柿饼加工主体达到 68 家。二是闯市场。建设冷链储藏体系，建立各类交易平台和物流场地，特别是依托全国电子商务示范县试点，发展电商 6000 余家。在北京、江苏、福建等地设立富平农特产品专营店，依托永辉超市等各大超市将富平特产销往全国各地。目前，富平柿饼销售额已占全国柿饼销售总额的 20%。三是重研发。成立富平尖柿产品研发中心，与西北农林科技大学等科研院所合作，研发柿子醋、柿子酒、柿叶茶、柿化妆品等系列产品，促进柿子全产业链提档升级。四是强监管。建立柿饼加工标准体系，健全特色农产品检验检测体系，完善生产溯源系统，规范产品包装标识管理，严厉打击假冒侵权违法行为，使富平农柿饼质量得到有效保障。

（六）建立利益联结，强化主体带动。在脱贫攻坚过程中，推行"党支部＋龙头企业（村级集体经济组织、合作社）＋贫困户"产业扶贫模式。采取贫困户自主参加、签订协议、技能培训、劳务就业等方式，创新贫困户与新型经营主体的利益联结模式，带动贫困户参与柿子产业链各环节的发展，真正把贫困群众嵌在产业链上，构建产业带动脱贫、种植加工一体的产业发展新格局。

三、主要成效

富平县始终把尖柿产业作为乡村振兴的重中之重来抓，持续加大强农惠农富农政策力度，坚持规模扩柿、质量兴柿、品牌强柿、创新优柿，加快构建新型产业体系、生产体系、经营体系，不断提升尖柿产业综合效益，尖柿产业发展取得积极成效。

（一）产业基地持续增大，生态效益充分发挥。截至 2020 年底，全县柿子栽植面积 2.4 万公顷，年产鲜柿 25 万吨，年加工柿饼 5 万吨，柿子全产业链产值 40 亿元。建成万亩柿子镇 2 个、千亩柿子示范村 20 个、尖柿产业园区 2 个，挂果面积 0.87 万公顷，形成了富平县石川河沿线、北部沿山一带柿子产业集群。柿子种植区植被覆盖率得到大幅提升，生态环境得到极大改善，昔日荒山秃岭变成秀美山川。"柿子红遍马家坡"等景观每年吸引游客 200 万人次以上。

（二）加工能力显著增强，品牌效应不断显现。全县现有市级以上尖柿产业龙头企业 8 家，培育柿子专业合作社、家庭农场 112 家。涌现出了富平永辉现代农业、新农人、天玺农业、云集柿业、沐梵农业、富四方柿业等一大批尖柿产业经营主体。在富平永辉的柿子

产业园内，光电智能分选、鲜果全自动削皮、五段式智能烘干技术与传统工艺相结合，最快仅需 20 天，粉厚霜白、甜嫩软糯的富平柿饼即可新鲜出炉，口感与传统手工制作几乎无差，且生产过程全程清洁无尘化。各类经营主体注册柿饼产品商标 41 个，"柿子红了""阳洋柿饼""柿饼哥""富柿花""合柿"等企业品牌受到消费者认可。在 2021 中国品牌价值评价榜中，"富平柿饼"的品牌价值为 51.59 亿元。

（三）受益群体稳步扩大，群众收入大幅增长。尖柿产业全县从业人数 12 万人，占全县农业人口的 20%。柿子主产区群众的主要收入来源于柿子产业，人均纯收入 1.5 万元以上。依靠柿子产业，2200 余户贫困户实现了脱贫致富。吸引返乡青年、农村妇女、残疾人 3 万人从事尖柿种植、柿饼加工、电商服务，激发了他们的内生动力，极大地维护了社会稳定，促进了农民增收。

典型故事

石华丽，女，1973 年 4 月出生于富平县曹村镇，高中文化，富平县华丽柿子专业合作社理事长。她曾先后获得"富平县致富带头人""2018 CCTV 三农创业致富榜样"等荣誉称号，是"富平柿饼制作技艺非遗"传承人。石华丽致富不忘当地群众，在艰苦创业的同时带动一方群众富裕，为家乡柿饼产业发展和群众脱贫致富做出了积极贡献。

产业带动，助力脱贫攻坚。2016年，合作社与农户签订订单，让柿子主产区的群众都参与到柿子加工生产销售中，并将订单区域扩展到曹村镇以外的宫里、庄里、薛镇、美原等乡镇的3000多户群众。合作社派专人入户指导农户种植及加工技术，并以高出市场价5%的价格进行收购，先后带动贫困户300多户实现脱贫，柿农户均收入5万—10万元。

产业融合，拓展乡村发展。曹村镇是富平县杂果林带，中央电视台连续多年制作的"柿子红遍马家坡"节目均取材于曹村镇，再加上《岁岁年年柿柿红》电视剧的热播，曹村镇的旅游业悄然兴起。但柿子产业的季节性却让曹村镇的旅游业出现冷热两重天的窘境。为了让游客常年都能感受到曹村镇的魅力，2018年5月，石华丽拿出合作社几乎全部积蓄进行二次创业。她在曹村镇太白村建成13公顷标准化柿子示范基地；设计建成了富平尖柿非遗传承馆，将柿饼加工的全过程制作成VR体验馆，让游客在任何季节都可以身临其境地领略柿乡美景，体验柿饼加工制作过程。2020年，合作社共接待游客近10万人次，不但极大地提高了富平柿饼在市场的知名度，还带动了柿子产业区的餐饮、民宿、民俗文化发展和其他农副产品销售，拓宽了群众的致富之路。

看准机遇，创新销售模式。2020年，受新冠肺炎疫情影响，农副产品销售遇到了挑战。偶尔的一次外出，石华丽发现了线上销售模式。回家后,她立即组建团队,策划网上销售。她先后五次赴杭州寻求合作机会,邀请知名网络主播代言富平柿饼。她自己也在工作间隙通过抖音、快手等新兴媒体展示柿饼制作工艺,宣传家乡柿饼,将柿饼销售的主渠道从线下转移到了线上。合作社不但带动所有柿农走出了销售困境,销售量还有增无减,实现年销售800吨的新纪录。"富柿花"柿饼获得2020年网络柿饼类销量第一的优异成绩,打开了富平柿饼销售的一片新天地。

石华丽一路走来,用她的智慧和辛勤努力成为尖柿产业的领军人、群众致富的带头人,让群众在甜蜜的"柿"业中走向更加美好的明天。

造就"十有"果农的静宁苹果

——甘肃省静宁县苹果产业减贫惠农案例

焦点观察：地处黄土高原丘陵沟壑区的恶劣自然环境，如何从深度贫困实现华丽转身，甘肃省静宁苹果产业扶贫交出了满意答卷。静宁县多措并举，增强苹果产业发展韧性。加强标准化管理，建设优质苹果生产示范区和高新技术示范区；创新"保险+期货"模式，避免果贱伤农，保障果农收益；实行"国有平台公司+龙头企业+合作社+农户（贫困户）"模式，构建苹果产业扶贫联合体；推行创业园、就业园、托管园、合作园"四园"模式，带动了19.6万人脱贫。

一、发展背景

甘肃省静宁县地处黄土高原丘陵沟壑区，境内梁峁起伏，沟壑纵横，自然条件严酷，尤以旱灾为烈。上世纪 80 年代以前人均年收入不足 150 元，1986 年被确定为国家级贫困县，是甘肃省 18 个深度贫困县之一。

静宁苹果引种栽植始于上世纪 80 年代。选择苹果作为扶贫主导产业，客观上源自静宁的地理特点。静宁县地处北纬 35 度黄土高原暖温带半湿润气候区，土层深厚，光热资源丰富，年均温度、降水量、日照时数等气候条件完全符合苹果适宜的 7 项生态气象指标。在近 40 年的发展史中，静宁苹果产业积累了经验和优势做法，同时也有亟须解决的问题：一是整体效应未充分发挥。多数果园标准化程度低，老龄低效果园面积逐年增多，抵御自然灾害能力较弱。二是机械化程度低。一家一户分散经营，传统栽培管理模式占比高。三是科技力量不足。技术型、科研型人才少。四是营销渠道不宽。龙头企业、专业合作组织等多数市场主体规模较小，应对市场风险能力不足，网上销售、电子交易、物流配送等现代营销手段滞后。

二、主要做法

为应对苹果产业扶贫和发展问题，静宁县委县政府制定了《关于苹果产业转型升级创新发展的实施意见》，以打造中国优质苹果生产加工基地、中国优质苹果种苗生产供应基地、中国绿色有机高端苹果供应基地为目标，推动苹果产业高质量发展。

（一）实施标准化管理。制定优质无公害苹果标准化生产技术规程、优质无公害苹果产品质量标准、优质无公害苹果分级规范、GAP 基地认证等相关标准体系及基地投入品管理办法，促进产地环境、生产过程、产品质量、包装标识等全流程标准化。实施覆盖优生区、发展适生区战略，建设南部乡镇优质苹果生产示范区、葫芦河流域现代苹果高新技术示范区，建成 12 个果园专业化乡镇和 149 个果品专业村。实施优果工程，累计建成各类认证基地 4.6 万公顷。龙头企业、专业合作社、生产大户、务果能手通过租赁、入股、转让等形式，采用优质大苗、矮砧密植、水肥一体、机械务作等生产技术，建成一批现代苹果生产示范园区，带动果农落实标准化管理，加大有机肥、生物肥投入，保证果品品质。

（二）提升科技效益。科技培训、技术引导、示范推广一体化推进。以静宁县果树果品研究所为主体，聘请国内外苹果生产、加工、营销等领域知名专家，成立静宁苹果产业发展专家咨询委员会和静宁苹果产学研联盟基地，特邀"苹果院士"束怀瑞组建甘肃静宁苹果院士专家工作站，甘肃农业大学苹果专家站也在静宁挂牌。开展苹果种质资源搜集评价、分子标记辅助育种、脱毒良种苗木扩繁研究，选育优良苹果品种，自主培育的"静宁1号""成纪1号"成为全县主栽品种。培育农民持证技术员和"职业果农"。采用集中办班与分散指导结合、技术讲座与实际操作结合、典型交流与现场观摩结合，大规模培训果农，培养农民土专家 543 人、务果能手 1210 人、持证农民技术员 2622 人。提高果园科技含量，配套滴灌、喷灌、集雨窖灌、水肥一体化等高效节水设施，推广地膜覆盖、行间生草、铺沙保墒、增施有机肥料等技术，提高果园基础设施建设水平。配套防冻设施，每年新增加果园防雹、防霜等防灾减灾示范园0.13万公顷左右，扩大苹果冰雹、冷冻灾害责任保险覆盖范围，逐步在苹果生产重点镇建设自动气象监测站、病虫监测站，灾害性气象及病虫害发布平台实现全覆盖。

（三）拓宽营销市场。发挥果品产销协会作用，组团参加各类果品宣传推介会。通过产地销售、窗口直销、农超对接、电子商务、仓储期货、出口外销等，拓宽果品销售渠道。构建仓前仓后配套、线上线下融合、农超农商对接的现代销售网络，成立全省首批、平凉市首个"苹果期货交割库"，成功实施苹果"保险+期货"试点项目，静宁苹果公司在"新三板"挂牌上市，发布"静宁苹果"区域公用品牌，整县成为京东生鲜苹果供应认证基地，苹果出口国由2016年的9个增至2020年的17个，贸易区域由东南亚扩展到中亚、中东、西欧、大洋洲和北美洲，累计创汇19.9亿元。新冠肺炎疫情期间，京东直播间静宁扶贫馆副县长"带货"、各苹果产销协会和果农利用各大销售网站和自媒体等，促进苹果线上营销。同时，武汉疫情期间，静宁各乡镇果农、爱心企业数次捐赠发往湖北的爱心苹果累计超过90吨，充分表达了"一方有难，八方支援"的果乡人民情义。

（四）推动产业融合。培育加工增值、包装配套、储藏营销型龙头企业161家，年储藏能力60万吨，年加工转化果品12万吨，生产纸箱3.3亿平方米。带动以采摘体验与果园观光为主的特色旅游，以物流运输、金融服务为主的第三产业发展。举办甘肃省首届"甘味"苹果产销对接会,连续举办六届静宁苹果节,"静宁苹果·伴您致远""吃遍天下苹果,还想静宁苹果"等在各大媒体广告植入,编纂苹果文化系列丛书,拍摄苹果主题电视剧等,多形式呈现静宁苹果文化内涵。

（五）实现稳定脱贫。推行"国有平台公司＋龙头企业＋合作社＋农户（贫困户）"模式,构建苹果产业扶贫联合体,推行创业园、就业园、托管园、合作园模式0.44万公顷,实施果园提质增效项目0.92万公顷,实现适宜发展果园的贫困村和有意愿发展苹果产业的贫困户"两个全覆盖"。全县19.6万人靠种苹果脱贫,静宁县产业富民经验成为甘肃省示范典型。

三、主要成效

近年来,静宁苹果种植面积稳定在百万亩以上,成为全国规模栽植第一县。静宁苹果荣获"最受消费者喜爱的中国农产品区域公用品牌""全国苹果区域公用品牌声誉十强""中国最具影响力地标品牌",入选"甘味"农产品品牌目录,列入首批中国100个地理标志受欧盟保护名单,品牌价值158.95亿元,居全国果品区域公用品牌价值榜第七位。

静宁苹果产地收购价格连续16年领跑各主产区。苹果种植给静宁百姓带来了金山银山。2020年,全县苹果产量82万吨,实现产值45.92亿元,人均果品纯收益超过7300元,占农民人均可支配收入的70%以上。依托苹果产业,2019年静宁县整县脱贫。大规模苹果种植也重造了静宁的绿水青山，绿化面积增加，降水量增加，水土保持良好，生态环境得到改善。

千山染翠，万树摇红。苹果种植成了静宁百姓脱贫致富的"长效产业"，95%的农村家庭依靠苹果产业增收致富，76%的企业分布在苹果产业链上。经统计，静宁县苹果产业收入达百万元的村有126个，200万至500万元的村有81个；收入上万元的2.6万户，2万—5万元的1.98万户，5万元以上的1万余户，10万元以上的958户，年收入在一二十万至三四十万元的果农不足为奇。苹果种植，使静宁的农村妇女务养果园、照料家务和管教孩子各不相误；使青壮的汉子留在果园不再外出打工；使学有所成的部分年轻人返回家乡，实现科技带动下苹果产业的价值增值；一些老弱病残的特殊群体也依托苹果产业链实现了自食其力。如果用顺口溜来形容静宁果农生

活的话，可谓"十有"：衣有新装，食有营养，住有洋房，行有车辆，少有所教，壮有所为，老有所养，病有所医，娱乐有场所，致富有苹果。

典型故事

静宁县德美集团是甘肃省农业产业化龙头企业。该集团发展苹果产业引领精准扶贫，为静宁县脱贫攻坚做出了突出贡献。

企业建设。投入2300余万元，在北京、重庆、西安、兰州等城市设立"静宁苹果"品牌形象店，开启全国第一家以单一水果开设实体店的销售模式；投资2300万元，建成53.3公顷甘肃省国家苹果种苗繁育基地；投资近1亿元建成333公顷矮砧密植现代有机苹果示范园；投资6亿元，建成集冷链物流、电商仓储、分拣车间、苹果深加工等多功能为一体的农产品冷链物流产业园；设立甘肃首批平凉市首家苹果交割仓库，通过"保险＋期货"的金融手段，避免果贱伤农，2018、2019年公司为贫困果农承保苹果5500吨，共赔付190万元，平均每户获赔1676元，惠及1571户，保障了果农特别是贫困户的稳定收益，实现现货增收、保险理赔的双赢；推动"静宁苹果"在新三板挂牌，与静宁30万果农共享资本市场发展红利。

模式创新。按照"龙头企业＋合作社＋基地＋农户"模式，成立德美地缘林果专业合作社，纳入周边乡镇800余户果农，实行统一管理、统一收购、统一销售。建成合作园、托管园、创业园333公顷，其中贫困户368户，按照合作社占股51%、入社农户占股40%、村集体占股9%的比例分红，贫困户保底分红每年不低于1000元，两年共向贫困户分红40.5万元。每年以高出市场价0.2—0.3元优先收购合作社果农，特别是贫困户的果品。以德美合作社为中心，辐射带动静宁跃鸿等8个合作社、永缘等13个家庭农场共同发展，惠及200余户贫困户。

自运营以来，德美集团受到多项荣誉嘉奖：2020年1月，被中国优质农产品开发服务协会等6个协会推选为"产业扶贫典范"；2020年9月，"德美果"品牌被中国果品流通协会授予"2020果业扶贫优秀品牌"；2020年11月，"德美果"品牌被中国苹果产业协会评为"2020年度中国苹果产业榜样100品牌"；2021年2月，被党中央、国务院授予"全国脱贫攻坚先进集体"称号等。

猕猴桃是脱贫致富大"法宝"

——陕西省西安市周至县猕猴桃产业减贫惠农案例

焦点观察： 减贫效果的持续性，取决于农户参与产业发展的程度，取决于产业发展的持续性。产业扶贫过程中，陕西省周至县从保障农民长远发展出发，以镇有支柱产业、村有主导产业、户有长效产业为目标，深化猕猴桃优势产业带动、经营主体帮扶、财政资金支持、技术培训服务、电子商务帮扶、助农保险护航"六个全覆盖"，带动贫困户摆脱贫困实现小康。周至县也发展成为全国最大的猕猴桃生产基地之一，实现了村村有产业、户户有项目、人人有收入，保证有劳动能力的贫困户至少有一项长期稳定增收产业，实现了贫困户优势产业带动全覆盖，确保了贫困人口持续稳定增收。

一、发展背景

陕西省西安市周至县地处关中平原腹地。近年来，周至县坚持把产业发展作为脱贫攻坚的治本之策，重点围绕猕猴桃主导产业，在提质增效、促融带动上狠下功夫，深化优势产业带动、经营主体帮扶、财政资金支持、技术培训服务、惠农保险护航、电商帮扶助力等"六个全覆盖"，产业发展成为带动贫困群众脱贫致富的重要支撑，形成了"镇有支柱产业、村有主导产业、户有长效产业"的发展格局。

周至县产业优势明显，是全国最大的猕猴桃生产基地之一，猕猴桃栽植面积 2.88 万公顷，挂果面积 2.6 万公顷，年产鲜果 53.6 万吨，年产值近 50 亿元。县级以上猕猴桃园区 17 家，合作社 1000 余家；猕猴桃冷藏库 2680 座，其中千吨以上高档气调库 26 座，库容量 40 万吨；果品深加工企业 38 家，年加工能力 35 万吨；电商、微商经营户 4000 余家，从事猕猴桃相关产业的人员超过 30 万。

二、主要做法

（一）优势产业全覆盖，鼓了"钱袋子"。在农业产业布局上，周至县注重远谋划、全覆盖、强带动，经过广泛调研、充分论证，立足本地实际提出了"以中部平原发展猕猴桃为主导，以南部山区发展杂果产业和蔬菜产业，北部沿渭发展苗木花卉产业为辅"的农业产业发展整体规划，打出了以猕猴桃创品牌、提质增效为主导的产业发展组合拳。通过不懈努力，扶持带动 1.13 万户贫困户发展猕猴桃 2480 公顷，保证有劳动能力的贫困户至少有一项长期稳定增收产业，实现了贫困户优势产业带动全覆盖，确保了贫困群众持续稳定增收。

（二）主体帮扶全覆盖，结了"好对子"。积极发展多种形式股份合作，将贫困群众产业发展嵌入猕猴桃合作社、村集体经济，改变了以往小农小户单打独斗的局面，实现抱团取暖，形成产业集聚发展促脱贫的新模式。77 家猕猴桃新型经营主体带动贫困户 6655 户，264 个村级经济合作组织、1007 个农民专业合作社带动贫困户 5 万余人。创新"合作社＋公司＋农户"模式，成立有机猕猴桃专业合作社，实施统一管理标准、统一技术指导、统一包装销售。同时，整合各村资源，积极推动贫困户参与猕猴桃生产、储存、加工、包装、销售全产业链，通过"产业＋就业"，带动贫困户增收，多渠道增加群众收入。

（三）资金支持全覆盖，撑起"腰杆子"。为最大限度发挥涉农资金使用效益和政策杠杆效应，切实解决涉农资金零、乱、散的问题，周至县积极探索多种整合形式，按照"因需而整""应整尽整"的原则，将各部门涉农项目资金整合使用，集中财力办大事。2018—2019 年，为每个贫困村注入 105 万元、非贫困村注入 30 万元；2020 年，以猕猴桃为依托，利用 2676 万元重点扶持壮大村集体经济，全力消除集体经济发展"空壳村"；2018—2020 年，为有发展意愿、有劳动能力的贫困户每年提供 3000—5000 元不等的资金支持，帮助其发展猕猴桃产业、更新品种、调整结构、扩大规模，实现了产业扶持资金贫困村、贫困户全覆盖。2021 年，成功申报国家级猕猴桃产业集群、省级产业示范园等重点项目，补齐了周至猕猴桃产、储、加、销全产业链发展的短板，为脱贫致富插上了腾飞的翅膀。

（四）技术培训全覆盖，育出"好苗子"。把技术服务作为产业帮扶的一项有力举措，坚持"做给农民看、教会农民干、帮着农民赚"的服务理念，成立了产业脱贫110技术服务中心、百名科技人才服务团、76人农技专家团；按照"服务到村、指导到户、精准到人"的工作要求，整合技术力量，采取"扶贫基地＋职业技校＋农民工就业培训＋各镇设点培训＋手机联网"的模式，开办产业脱贫技术"田间课堂"，定时向农户手机推送科技知识、技术指导、气象预报、防灾减灾等服务信息。217名技术员上门服务2.79万人次，603名产业发展指导员包户指导13.63万户次，实现了技术服务全覆盖。

（五）电商带动全覆盖，摘了"愁帽子"。抢抓省级电子商务扶贫试点县机遇，大力实施"电商＋产业＋扶贫"战略，全面推进"三级平台、人才培训、示范创建、联盟带动、宣传推介、招商引资"六大板块建设，带动消费扶贫。线上引进了阿里巴巴、京东、赶街等知名电商，加强与顺丰、德邦、邮政、京东等快递合作，建成并运营全省首个电商大数据平台，创建150个县镇村三级电商服务点，形成覆盖20个镇街、264个村的电商服务网络体系，全县316家线上电商企业带动建档立卡贫困户1.47万户。线下302家猕猴桃销售企业带动建档立卡贫困户1.63万余户。2020年全县电商交易额突破10亿元，实现贫困户农产品销售帮扶全覆盖。

（六）金融护航全覆盖，装上"保险阀"。为促进产业发展、降低产业风险，创新推出"脱贫贷＋助农保"模式，为全县建档立卡贫困户提供 5 万元以下、3 年以内免担保免抵押的小额信用贷款，由财政全额贴息，县级建立风险补偿金。开发了涵盖自然灾害、家庭种植及养殖等为一体的"助农保"扶贫保险，每户每年保费 160 元，由县政府与人保公司按照 8∶2 的比例共同出资，降低群众负担，鼓励群众参保，为贫困群众发展种植、养殖产业保驾护航。2017 年至今共理赔 8224 笔 1932 万元，获第十二届国家保险创新大奖。

三、主要成效

产业方面。经过多年发展，周至县已成为全国最大的优质猕猴桃生产基地之一，已从粗放式经营转变为标准化生产管理，从单一种植发展到集加工、储藏、销售等为一体的产业集群。2014—2020 年连续 7 年品牌价值居中国猕猴桃区域价值排行榜第一位。全县农业经营主体获得省著名商标 4 个，省级名牌产品 9 个；建成猕猴桃农产品标准化基地 17 个，认证绿色食品 6 个、有机食品 2 个；马召镇被列入国家农业产业强镇示范建设名单；0.67 万公顷猕猴桃获得绿色食品认证，667 公顷猕猴桃获得欧盟良好农业操作规范认证，373 公顷猕猴桃生产基地获得有机食品认证。周至县荣获"中国猕猴桃之都""中国绿色生态农业先进县"称号。2021 年，周至猕猴桃荣获"全国绿色农业十大最具影响力地标品牌"。

减贫方面。按照政府主导、市场主体、群众主动、利益联结、共赢发展的思路，重点发展中部平原猕猴桃产业，引导贫困户因地制宜发展产业。通过强化产业帮扶，全县 24577 户建档立卡户，有中长期产业的 23450 户，占建档立卡户总数的 95.4%。2020 年 11 月，全县 63 个贫困村全部出列，88402 名贫困人口全部脱贫。2020 年，全县建档立卡贫困户人均可支配收入达 12307 元，是 2015 年的 2.36 倍。

典型故事

齐平，现任周至县周一村有机猕猴桃专业合作社董事长，先后荣获全国科普惠农兴村带头人、全国农村创新创业优秀带头人等荣誉。

培育产业。1988 年，经过充分调研后，齐平决心引导群众发展猕猴桃产业。他率先在自己的承包地上栽起了猕猴桃，还发动本村党员种植猕猴桃。几年下来，猕猴桃产值达到了"一亩园，十亩田"的良好效益。在齐平和其他党员的示范带动下，群众看到了希望，看准了致富的路子，猕猴桃产业也成为当地农民的致富产业。村里猕猴桃产业形成规模后，齐平又在猕猴桃产业科学规划、提质增效上下功夫，他跟随周至县猕猴桃产业发展团队远赴新西兰、澳大利亚考察国际市场，引进新品种，建立示范园，使全村猕猴桃产业基本形成红、黄、绿三大品系，早、中、晚熟八个品种的格局，猕猴桃生产经济效益比传统品种高出 3—5 倍。

带动发展。以前农村妇女都外出打工，现在在自己家门口就可以找到工作。她们在合作社打工，主要从事电商猕猴桃生意，既能管上孩子，又能管上家里，还把工作干得好，也吸引邻村妇女来周一村工作，吸收群众1200余名。合作社把一家一户的分散经营组织起来，为群众生产管理、技术培训、果品销售、储藏运输、包装加工提供指导和一条龙服务，走"公司＋基地＋专业合作社＋农户"的路子，实现小生产与大市场的对接，将周一村生产加工的优质果品出口到俄罗斯、加拿大、泰国等国。周一村先后被西北农林科技大学、新西兰专家确定为院外实习基地，并探索建设世界猕猴桃共性病理研究生产基地。目前，周一村全村人均猕猴桃收入15000元，占农民人均收入的95%以上。

转型升级。2015年以来，周一村争取到猕猴桃电子商务建设项目，实行"猕猴桃＋互联网"模式，打造电子商务平台。周一村率先设立猕猴桃电子商务服务室，注册了"周一村""少鲜队"等猕猴桃电商品牌，实行统一分等定级、优果包抓。现已实现销售8000多吨，周一村成为了名副其实的"中国猕猴桃淘宝第一村"。为适应电商物流对产品品质的要求，周一村实施猕猴桃8S全程管理系统和质量安全生产示范村建设。在扩大产业发展种植规模的同时，抓猕猴桃储藏、包装等配套发展，鼓励党员科技示范户和有经济实力的农户发展猕猴桃储藏业和加工业，建设猕猴桃冷库和纸箱厂，周一村建成猕猴桃储藏冷库60余座，总库容量达5000吨、果脯果干加工厂2座,有效解决了本村猕猴桃储藏问题,延长了果品货架期和猕猴桃产业链,增加了果品附加值。

从上世纪80年代的一穷二白,到2020年全村实现猕猴桃综合产值6000余万元,村集体经济收入也从2019年的5万元增至2020年的26万元。周一村呈现出果业强、果乡美、果农富的新景象,群众亲切地称齐平为产业致富的"领头雁"。

小果子带富一方百姓
——贵州省榕江县百香果产业振兴惠农案例

焦点观察： 如何长期、可持续地巩固脱贫攻坚成果是"真脱贫"的关键。贵州省榕江县的百香果产业发展之路在巩固和提升脱贫攻坚成果方面提供了典型示范。从2019年的9公顷到2021年的2819.6公顷，短短两年时间，榕江县实现了百香果产业发展的巨大进步，这依靠的是科学决策和精准施策。百香果属于草质藤本植物，不同于木本果树，具有"短平快"的种植特点。当地政府经过广泛调研，立足本地自然资源优势，因地制宜，科学布局百香果产业全产业链发展，全县联动，团结一致，快速实现增收致富，精彩接续了乡村产业振兴。

一、发展背景

榕江县面积 3315.8 平方公里，辖 22 个乡镇（街道）、261 个行政村（社区），总人口 38.4 万，其中苗、侗、水、瑶等少数民族占总人口 80% 以上。榕江县是国家扶贫开发重点县、贵州省 16 个深度贫困县之一，脱贫攻坚任务十分艰巨。截至 2019 年底，全县累计实现 16 个乡镇减贫摘帽、137 个贫困村出列（其中深度贫困村 94 个）、27861 户 126262 名贫困人口脱贫，剩余未脱贫人口 3974 户 11793 人，23 个贫困村未出列（其中深度贫困村 21 个），贫困发生率从 2014 年的 35.54% 降至 3.52%。

榕江县位于贵州省东南部，是百香果种植的适宜区域。2019 年全县种植百香果 9 公顷，涉及种植大户 2 户，果品产量 5.4 万公斤、产值 75.6 万元。产业规模小，农民参与度不高，产业链不完善，未形成种苗繁育、果品加工及销售等配套体系。2020 年以来，榕江县以车江坝区产业结构调整为重点，大力调减低效农作物，统筹推进"果、蔬、药、菌、猪、鸡"六大扶贫产业裂变式发展。为打好产业发展翻身仗，根据《贵州省农村产业革命水果产业发展推进方案（2019—2021）》精神，榕江县立足本地自然资源优势，决定因地制宜发展百香果产业，带动群众增收致富，助力脱贫攻坚，接续乡村振兴。

二、主要做法

（一）科学布局，因地制宜发展百香果种植。2020 年以来，榕江县充分利用本地自然资源优势，在海拔 600 米以下、年均温度 17.5℃以上的低热河谷区域，选取适宜百香果种植山地（坡度 25°以下）发展百香果种植。2020 年和 2021 年分别种植 679 公顷和 2819.6 公顷，种植区域主要在古州、忠诚、寨蒿、平江、平永、三江、八开、定威、兴华、崇义、车民、场坝等 12 个乡镇（街道、社区）。为促进百香果产业发展，各部门积极申请项目资金支持。利用财政专项扶贫资金、东西部协作资金支持百香果种植及加工厂建设；整合产业奖补资金、以工代赈项目资金、水利和电力设施项目资金，重点解决基地建园、种苗、肥料投入和产业路、浇灌管网、用电设施等；实施农业保险补贴，支持从事农业生产的经营主体参加特色性农业保险，并参照政策性农业保险总保费减免的政策给予扶持。

（二）试验示范，探索适宜的种植技术和品种。与贵州省科技厅、贵州省科学院、贵州大学合作，实施国家重点研发计划"绿色宜居村镇技术创新"重点专项定向榕江百香果项目，在架型、密度、海拔、品种等方面进行试验示范，探索产业发展的技术路子。与贵州大学百香果团队合作，实施贵州低热河谷地区黄金百香果促花保果增产关键技术研究与示范项目，探索关键技术和集成试验示范。与贵州省科学院、贵州大学和贵州省水果协会合作，建设不同海拔、不同架型、不同密度、不同品种及大棚种植的试验基地，探索适宜的种植技术和品种。与贵州省科学院、贵州大学等科研单位合作，加快推进百香果育苗本地化，充分利用车江坝区苗木繁育中心开展百香果育苗，确保果苗质量。

（三）多举措培训与管理，全面提高种植水平。一是与省、州科研院校水果专家合作编制《榕江百香果种植技术手册》，统一生产标准。二是邀请农业农村部、省、州水果专家进行现场授课，累计开展集中培训52次，培训从业人员2036人次。三是整合县百香果专班、龙头企业、协会、乡镇技术力量，分片包园开展技术指导，与基地建立一对一联系，反复开展技术培训，使生产主体学通弄懂田间管理技术要领，确保生产管理技术规范落地。技术专家累计到基地技术指导11730人次。四是搭建技术服务平台。建立一个由水果专家、乡镇领导、技术干部、经营主体负责人组成的百香果种植技术交流微信群，线上发布百香果生产技术，解疑释惑，解决种植户遇到的实际困难。五是按照每个地块一名领导、一名管理干部、一名技术人员、一名生产管理者，以及若干名生产网格技术工人的"4+X"生产管理体系，建立田间管理责任台账，逐级明确责任，严

格把关各个环节，确保百香果生产质量。

（四）加强经营主体培育，带动产业发展。先后引进和培育了榕江县世卓百香果公司、尊榕公司、闽捷公司、乔森公司、荣恩公司等龙头企业，按照"龙头企业＋合作社＋农户"的方式推进百香果产业发展。企业建立百香果基地 597 公顷，示范带动各乡镇合作社、大户种植百香果 1902 公顷，散户种植 316 公顷。在榕江县王岭工业园区建设百香果分拣加工中心，提高百香果初加工及深加工能力。与贵州大学合作研发百香果酒、果脯、果糕、果冻等加工产品。引进四川省胜男农业发展公司开发果浆、饮料、果脯等百香果系列产品，延伸产业链条，提高产品附加值。

（五）完善利益联结机制，促农增收见效。一是订单生产。由尊榕公司、闽捷公司按签订的协议进行收购，共签订协议 79 份，覆盖种植面积 1833.3 公顷。二是量化入股分红。生产经营企业按照投入量化扶贫资金的 5% 计算债权利息，其中农村低收入人群享受债权利息的 80%，村集体享受 20%。三是土地流转收入。全县共流转土地 2503.3 公顷发展百香果种植，每年土地流转费收入 1568.92 万元。四是产业务工增收。百香果每亩年需投入生产管护工 15 个以上。2020 年产业带动务工 79480 个，共支付劳务费约 953.76 万元；2021 年产业预计带动务工 563250 个，预计支付劳务费约 6759 万元。

三、主要成效

经济方面。2021 年全县百香果栽植 2819.6 公顷，预计果品产量 2750 万公斤、果品产值 33000 万元，经济效益明显，实现了低效作物向高效作物的结构调整。参与百香果产业的农户预计户均增收 3000 元/年以上。

扶贫方面。百香果产业带动了 94 个村 8162 户 31017 名低收入人群发展，壮大了村集体经济，同时通过基地务工、土地流转、量化入股分红等利益联结机制，增加了群众收入。量化入股分红预计可使每户低收入户分红 400 元/年。而且，百香果产业提供了大量就业岗位，使农村劳动力足不出村就能就地务工，为农村妇女务工增收创造了条件。车民街道阳光社区移民搬迁户潘老兰这样说：前些年，每到正月我和丈夫就出门到福建打工了，留下上初中的儿子和婆婆在家。婆婆老了，加上孩子大了，很调皮，不放心。这两年发展种植百香果，我可以在基地打工，丈夫在县城打工，既能照顾老人、

孩子，每个月家里还能有六七千元收入，真是太好了！这样的事例在榕江县比比皆是。

社会方面。产业的发展培养了大批百香果生产管理人才。同时，带动广大农户发展水果种植，使大量宜果荒地、荒山得到综合开发治理，提高了森林覆盖率，美化、绿化了环境，促进了经济、社会和生态的协调发展。

典型故事

贵州榕江尊榕农业有限公司成立于2020年3月，是榕江县世卓百香果有限责任公司与贵州从江真尊实业有限公司联合组建的SPV项目公司，是榕江县百香果产业发展龙头企业。公司主要从事百香果育苗、种植、加工及销售。成立以来，公司在推动榕江县百香果产业发展中起到了积极作用。主要做法及取得的成效如下：

示范标准化生产。2020年以来，公司在忠诚镇寨章村、高王村，古州镇华优村创建百香果标准园111.3公顷，其中，种植基地109.3公顷，育苗基地2公顷，总投资2380.7万元。基地还开发建设科研示范区2.13公顷，与贵州省科学院、省水果行业协会、县百香果研究院等科研单位进行技术合作。基地示范推广百香果标准化生产技术，被列为榕江县百香果产业培训教学基地，每年培训百香果从业人员1000人次以上。

订单农业带动种植。公司充分利用榕江县车江坝区苗木繁育中心和自有育苗基地开展百香果育苗，每年培育苗木200万株，并与购苗主体签订种植购销协议，从苗木栽植到果品销售，公司为购苗主体开展全程生产技术服务，并按签订的协议对产品进行收购。公司共签订产销协议43份，覆盖生产基地面积866.7公顷，不但为经营主体提供了种植技术支持，还为他们解决了产品销售的后顾之忧。

发展加工提高附加值。公司在县工业园区建设百香果分拣加工中心，改变了榕江县无果品深加工的状况。公司每年收购果品6000吨开展初加工，并开发加工百香果果浆、果酒、果汁、果脯等产品，延伸了产业链条，提高了产品附加值，提升了果品竞争力。

促进就业带动增收。通过种植基地、苗木中心、加工厂建设，稳定解决区域内农民就业。示范基地常年可灵活就业3.3万个工以上，稳定就业岗位160个以上；苗木中心和加工厂每年分别可提供稳定就业岗位20个和30个以上。公司优先覆盖残疾人、无劳动能力的低收入人群。公司采取保底分红模式，贫困人口可人均年分红500元。

第五篇 伙伴的力量

"脱贫致富不仅仅是贫困地区的事,也是全社会的事,需要调动各方力量,加快形成全社会参与的大扶贫格局。"扶危济困是中华民族的传统美德,各类企业和生产经营主体、社会组织、个人等社会各界是扶贫的重要参与方。先富带后富帮后富,形成了战胜贫困的巨大合力。

脱贫致富"新梨想"

——河北省威县威梨产业减贫惠农案例

焦点观察： 短短几年时间，从籍籍无名到脱颖而出，河北威县以"威梨"实现了产业发展新突破，找到了减贫的敲门砖。自产业发展之初就采取全方位融合发展，"多方合力拔穷根"，是"威梨"异军突起、威县脱贫致富的重要经验。主体上，融合了政府、龙头企业、合作社、农户、金融机构、科研单位的力量。措施上，融合了资金支持、科技支撑、人才助力、保险保障、品牌建设、三产融合。方式上，融合了基线调查、规划、组织化、专业化、规模化。渠道上，融合了线上与线下、传统与现代的销售渠道。

一、发展背景

威县位于河北省南部、邢台市东部,辖 522 个行政村,面积 1012 平方公里,人口 65 万,其中农业人口 45 万。2012 年,威县被确定为国家扶贫开发工作重点县,当时有贫困人口 17.1 万人,贫困发生率 34.1%。威县基本县情是"四不靠两没有"(不靠山、不靠海、不靠铁路、不靠大城市,地下没矿藏、地上没资源),长期一棉独大,上世纪 90 年代植棉面积达 5 万多公顷,素有"冀南棉海"之称。但是随着时代进步和市场经济发展,单一化种植结构很大程度制约了农民增收和农业发展。

2013 年初,威县县委县政府立足当地资源禀赋、种植传统,坚持以市场需求为导向,以富民增收为切入点,经国内张玉星等知名梨果专家实地踏察、科学论证,制定了《威县西沙河流域绿色 A 级梨产业建设规划(2013—2020 年)》。几年来,威县坚持"规划引领、连片开发"总体思路,紧紧围绕"一减四增"(即减棉花、增林果、增蔬菜、增畜禽、增饲草)工作目标,大力发展"四个农业"(科技农业、绿色农业、品牌农业、质量农业),坚持全域规划、长远规划、高端规划,聘请中国农科院编制了现代农业总体规划。同时,威县按照"产业、政策双扶持双兜底"的总体思路,探索实施了"四个动起来、四个全覆盖(党委政府动起来、富民产业全覆盖,企业农户动起来、股份合作全覆盖,银行保险动起来、金融支撑全覆盖,社会各界动起来、帮扶救助全覆盖)",把做大做强梨果产业作为脱贫攻坚和乡村振兴的重要举措,探索走出了一条调结构、促增收、谋发展的创新路径，开启了威县脱贫致富、发展现代农业的崛起之路。

经过几年努力，2018年全县优质梨种植面积6667公顷，标准化梨园200个，2021年梨果产量12万吨，总产值12亿元。威县入选河北省国家梨产业集群项目县，被确定为河北省特色农产品优势区、河北省出口鲜梨质量安全示范区等，威梨成为国家地理标志农产品，威梨区域公用品牌被评为全国梨区域公用品牌10强。威县于2018年9月实现脱贫，威县脱贫攻坚工作入选《全国脱贫攻坚案例研究》和《图说脱贫攻坚》系列丛书。

二、主要做法

（一）做好"两个园区"规划建设。坚持一体化推进现代农业园区与扶贫产业园建设。坚持以抓工业的思路抓现代农业，2014年县委县政府专门组建了威县梨产业园区管理委员会，由县级领导兼任园区主任，探索实践了园区一体管理、项目一体招商、土地一体流转、资源一体整合、智力一体引进、产业一体发展"六位一体"管理机制，累计投入10亿元，实施路网井电、智慧节水、墒情测定等20余项基础设施工程，着力提升园区承载能力和管理服务水平。以越海梨园扶贫产业园为示范，把梨产业园区建成全县产业扶贫主战场，园区梨产业覆盖贫困村、贫困户带动比率达100%，威县梨产业园区被认定为河北省现代农业园区、河北省精品梨果示范基地等。

（二）发挥"两大主体"示范带动。探索形成龙头企业、专业合作社、种植大户"262"产业主体构成，先后引进培育海升集团、

邢台越海、河北龙集、河北国莠等龙头企业36家,引导发展农民专业合作社120家,其中市级以上龙头企业、合作社22家。通过"龙头企业+农民合作社+农户"的模式,梨产业规模化、组织化、标准化经营率达95%,规模经营主体通过吸收贫困村、贫困户的资金和土地入股,雇用有劳动能力贫困人口入园打工等形式,提升贫困群众对产业发展的参与感、获得感。

(三)抓好"两类人才"引进培育。坚持把高层次科技人才引进与乡土人才培育相结合。聘请全省著名林果专家、省林业厅正高级工程师曲宪忠担任产业首席专家,与河北农大建立战略联盟,成立以张玉星等教授为带头人的"科技智囊团",建成河北省梨工程技术研究中心威县实验站、束怀瑞院士省级工作站等。同时,完善县、乡、村三级林果技术推广体系，招录 20 余名专业本科毕业生，各乡镇配备一名梨产业专职干部，每个标准梨园分别培养 1—3 名技术人员，形成全方位技术服务网络。创新制定《新型农民技术职称评审试点工作实施方案》，培训专业技术农民 1000 余人，评定农民技术员及助理技师 560 人，推荐认定农民技师（中级职称）12 人，打造了一支留得住的乡土技术人才队伍。

（四）推进"两个渠道"整合开拓。坚持把产销精准有效对接作为梨产业发展的重要一环，积极拓展健全"线下＋线上"销售渠道。充分发挥产地优势，依托威梨冷链园，联合利派尔、龙集、越海等龙头企业，构建"产地经纪＋仓储批发＋重点市场＋连锁商超＋社区集采"五位一体线下销售模式。培育引进销售、储藏等龙头企业 3—5 家，扶持梨果经纪人队伍 30 个。组织开展专业化电商培训，培训梨果电商从业人员 1000 人次，建设梨果电商实训孵化基地，全县线上梨果销售企业（个人）110 家以上，线上销售实现爆发式增长。

（五）做好"两个品牌"宣传推广。探索实施"区域公用品牌＋企业品牌"双品牌战略。成功发布威梨区域公用品牌，县政府成立威梨品牌建设工作领导小组，以威梨区域公用品牌为核心，全面实施区域品牌质量监管、品牌保护、渠道建设、宣传推动，威梨荣获中国国际品牌节金奖、世界园艺博览会银奖等荣誉。以区域品牌为引领，鼓励企业、合作社注册自有品牌或商标，现有"清谷润""翠威""秋月梨缘""倍尚鲜"等梨果商标品牌 60 余个。通过品牌驱动产品提质，推动实现优质优价，提高威梨的市场竞争力。

（六）促进一二三产融合发展。依托威州农投公司，投资 2.4 亿元打造威梨综合发展中心冷链物流园，梨果年储藏能力 5 万吨、果蔬吞吐量 18 万吨。以梨产业路（"梨想之路"）两侧重点村为重点，打造香花营、袁庄、草楼、红龙集等梨果特色村，初步形成"以点带线、以线带面"梨果特色小镇框架，成功创建威梨市级乡村振兴示范区。连续举办威县梨花节暨迷你马拉松比赛、采摘节、梨王擂台赛等活动，推动梨产业文旅发展。推动"威梨"系列产品研发，生产"威梨膏""威梨糖""威梨宴"等衍生品。

三、主要成效

（一）探索"威梨模式"拔穷根。探索多元化威梨资产收益模式，整合涉农资金 1900 万元投入县农投公司建设冷链物流项目，累计为贫困户发放资产收益 4721 户 10055 人次 452.48 万元，为贫困村发放资产收益 226 村次 286.86 万元；整合涉农资金 575 万元建设标准化梨园 36 个，带动 36 个贫困村年增加村集体经济收入 28.7 万元；整合扶贫资金 480 万元购置梨园农机、梨果分选设备，组建梨产业社会化服务组织 6 家，扶持 6 个贫困村年增加村集体经济收入 24 万元。

（二）打造"三金农民"促增收。按照土地规模经营流转面积"262（龙头企业占 20%，合作社和家庭农场占 60%，分散大户经营占 20%）"比例，坚持组织化、规模化、标准化、智慧化方针，梨产业发展流转土地 4533 公顷、流转率 68%，带动 1.2 万户农民实现"一份土地挣三份收益"（流转土地挣租金、入园打工挣薪金、资金分红挣股金），成为"三金"农民，年人均增收 8000 元。

（三）培育"职业农民"提素质。积极组织相关专家对合作社、新型职业农民、建档立卡贫困户等人员，开展梨果修剪、电商销售等实用技术培训，授之以渔，帮助贫困群众走上科技脱贫的道路。通过送教上门、送技下乡和梨种植业职业农民评审等，培训1.8万余人，其中培训建档立卡贫困劳动力2305人，实现"职教一人、脱贫一户、带动一方"，威县成为河北省唯一新型职业农民激励计划试点。

（四）构建"多重保障"抗风险。县财政累计整合各类涉农资金9000万元支持梨产业发展，其中用于梨产业扶贫项目6000余万元。先后实施国家梨产业集群、有机肥替代化肥试点等重点产业项目，促进梨产业高质高效发展。制定出台《威县产业扶贫发展风险防控专项实施方案》，探索梨种植业自然灾害人保财险、中华联合和太平洋保险"三险联保"，构建资产收益风险防范长效机制。出台《创新金融扶贫模式助推产业扶贫发展的实施意见（试行）》，开展"政银企户保"产业融资模式，创新"梨想贷""永不分梨"产业贷款金融产品，为产业持续发展提供资金助力。

典型故事

河北威州现代农业投资有限公司（以下简称"农投公司"）是经威县县政府授权，由县财政局、县投融资管理中心和中国农发重点建设基金有限公司共同出资设立的国有企业，注册资本1亿元。该企业通过建设以财政资金为杠杆的农业投资融资平台，以市场为纽带的农业信贷金融，加上产业基金与信贷、融资相耦合，三者联动形成"共振效应"，探索出一条"政府引导、企业管理、市场运作"的现代农业发展新路径。曾获河北省扶贫龙头企业、邢台市扶贫龙头企业、威县梨产业服务贡献奖等荣誉称号。在果业扶贫方面主要做法有：

探索了资产收益扶贫新模式。依托威县梨果产业带，农投公司主动融入全县产业发展大局，打造优质梨果基地，积极探索"统分结合、资产经营"的"威梨"模式。2016年威梨入编《中国名优特产大全》。在中国（廊坊）农产品交易会上，四个"威梨"优良品种连续四届获得果王、金奖。承担建设威梨综合发展中心冷链物流项目，冷库年储藏果品总容量5万吨，冷链物流果蔬吞吐量 18 万吨以上。

创新了四权分置利益联结机制。公司通过明确政府主导权、企业经营权、投资平台管理权、贫困户收益权，让贫困户优先参与进来并分享收益，构建了归属清晰、权责明确、保护严格、流转顺畅的现代企业产权制度。一是政府的主导权。根据全县产业总体规划确定入股贫困户，使其成为"特惠股东"，明确财政扶贫资金使用及分红比例。政府和市场的作用是资产性收益扶贫的保障，资产性收益扶贫制度改革创新，不仅需要市场无形之手的牵引，也需要政府有形之手的强力推进；在政府政策和资金的支持下，通过龙头企业公司化运作和管理，建立完整的扶贫体系，通过发展特色产业带动经济发展，带动贫困户和贫困村致富。二是投融资平台的管理权。依托政府投融资平台，将财政资金、金融资金整合使用，壮大扶贫资金实力。财政扶贫资金：支持合作社发展，落实到贫困户、贫困人口，统一入股到农投公司建设扶贫项目。金融机构资金：农投公司通过合作社整合建档立卡贫困户的扶贫资金作为资本金，再向金融机构贷款，用于扶贫项目建设，本息从项目经营利润中逐年偿还；同时保险公司介入，降低扶贫资金风险。通过多种资金的有机融合，破解单一资金使用局限，使资金使用效率提高。三是合作组织的使用权。该机制的突出特点是，扶贫龙头企业不投资扶贫项目固定资产建设，全部由政府投融资平台农投公司承建承贷。龙头企业租赁经营，支付给农投公司租金，用于偿还农投贷款本息、贫困户分红和发展贫困村公益事业，有效减少了企业的投资和负债。传统扶贫模式缺项目、缺资金、更缺人才，由专业团队经营项目能有效提高经营水平。四是贫困户的收益权。将财政扶贫资金折股量化给贫困户，通过合作社统一入股到农投公司，从龙头企业租赁扶贫项目支付的租金按股分红，不参与直接经营。以农投公司和合作社为纽带，有劳动能力的贫困户优先到项目务工。

引领了乡村振兴新路径。一是农业产业摆脱了"弱、单、散"，走上了质量兴农之路。牵头组建邢台威梨果业公司，撬动企业资本加大现代农业基础设施建设，大大改善农业生产条件；打破了过去"一棉独大"的产业结构；以财政扶贫到户资金入股合作社，合作社参股龙头企业，形成"龙头企业＋合作社＋贫困户"的股份合作组织，实现了由分散经营向适度规模经营转变。通过项目实施，真正把优质"产出来"、安全"管出来"、品牌"树起来"。二是农村面貌摆脱了"脏、乱、差"，走上了绿色发展之路。农投公司通过对政府推动力、龙头企业拉动力、合作社组织力、贫困户内生动力、河北省农林科学院第一生产力、农发行威县支行撬动力、人寿财险河北分公司保障力的"多方合力拔穷根"行动，引导发展有机果蔬种植、饲料加工、沼气发电等，形成种养结合现代生态循环农业发展模式，实现了农业清洁生产和绿色发展，被确定为全国五大生态农业循环圈之一。三是农民生活摆脱了"土、累、贫"，走上了共同富裕之路。引入海升集团、德青源、君乐宝等龙头企业，培育了一批新型职业农民，并把先进经营理念、市场观念、现代企业文化带到农村来，使农民摆脱小农意识、增强集体观念，有利于形成乡风文明、治理有效的社会环境和治理体系。农业生产实现从农民"单打独斗"向"抱团发展"，提高了劳动生产率和农业经营收益。通过土地流转、资金整合下放、折股量化、投放参股，创新利益联结机制，农户成为现代农业产业链上的一个环节，实现了入企打工挣薪金、流转土地赚租金、参与入股分红金，天天能打工、月月有收入、年年能分红，增加了农民收入，走上了脱贫致富之路。四是村集体经济摆脱了"无、弱、穷"，走上了集体振兴之路。农投公司探索出政府＋龙头企业＋合作社＋农户＋金融机构＋科研机构"六位一体"的产业扶贫模式，带动贫困群众稳定脱贫，探索出一条拓宽村级集体收入来源的有效途径。通过建设梨果冷链物流园等，吸收贫困村通过整合涉农资金形成的股份，定期支付村集体资产收益分红。村集体经济收入主要用于村级环卫、安保、公益活动服务和养老护工等"特惠岗位"的公益岗支出，还可用于村公益设施建设维护，为全面乡村振兴提供了强大助力。

"梨乡同川"的脱贫致富经
——山西省原平市同川镇酥梨产业减贫惠农案例

焦点观察： 贫困往往源于资金匮乏。减贫，资金投入是主要保障之一。政府的财政资金是促进脱贫的重要资金来源，但非唯一来源。减贫是政府的重要职责，但也需要全社会的积极参与。2018年，中国国务院出台《关于打赢脱贫攻坚战三年行动的指导意见》，指出动员全社会力量参与脱贫攻坚，吸引社会资金广泛参与。此后，形成了政府与社会共同行动的局面，减贫资金来源更加多渠道、多样化，减贫效果更加可持续。山西省原平市同川镇吸引同乡返乡创业发展酥梨产业，使一大批像郝学科一样心系家乡的人回乡发展，成为当地实现脱贫攻坚的重大补充力量。

一、发展背景

山西省原平市同川镇位于忻州市东南 30 公里处，地理位置相对偏僻。全镇共有 55 个村庄，总人口 4.6 万。土地旱地多，水地少，粮食收入非常有限。因地处黄土高原地区，位于北纬 38 度的"黄金纬度"，昼夜温差大、光照充足，非常利于梨果种植。当地人因地制宜，坡梁沟岔栽了许多梨果树。随着梨产业不断发展壮大，现如今，同川地区梨树种植面积 6000 公顷，年均产梨超过 5000 万公斤。"村村有梨园，户户有梨树"已成为同川的独特名片。上世纪 80 年代的全国优质农产品展销会上，同川酥梨就已经被评为"全国名优产品"，之后又相继获得"全国重点酥梨基地""中国酥梨之乡""生态优美乡镇""山西省农业旅游示范点"等一系列荣誉称号，并于 2013 年被认定为全国农产品地理标志产品。

虽然同川酥梨产业已经具有一定规模，取得一定发展成效，但仍存在产业结构不合理，品种老化，调整更新缓慢；产业化水平低，产业相对单一，产业链短，附加值低，商品化程度低等问题。当地梨农的经营销售理念还停留在原始粗放阶段，属于一家一户的生产体制，没有形成统一的生产链、供应链。由于每家栽培面积小，栽培水平差别很大，加之缺乏正规的包装和挑选分级设备，大多数果实混级储运，难以适应市场果品竞争需要。而且，梨在采收后大多未经商品化处理就直接上市销售，人们对分级、包装等采后商品化处理缺乏认识，商品化处理流水线偏少，导致梨外观品质较差，竞争力不强。市场上酥梨的质量参差不齐，老百姓只看眼前利益，没有可持续品牌理念，往往出现丰产不赚钱、价高没货源的现象。

二、主要做法

（一）调整产业结构，发展多元产业。产业结构调整是推动现代农业提质增效的有力举措。在品种引进推广上，针对同川酥梨产品单一、品种传统、市场竞争力低的问题，同川镇立足实际、优化品种选择，引进了玉露香梨、红香酥、黄金梨等新品种，以弥补品种单一造成的一系列发展问题。在农业规模化、标准化生产上，同川镇积极联系外部优势资本回乡，打造了多个标准化酥梨种植示范基地。通过提升示范园区基础设施（包括防雹网、滴灌设备以及水肥一体池），采用田间除草、病虫害防治、花果管理，与专业公司对接，完善生产标准、品牌、包装、收购等多种举措来实现标准化生产。

（二）兴建专业厂房，提升产业附加值。同川梨农一直使用传统的老式土窑储梨。一是时间有限，第二年惊蛰（3月初）以后，梨卖不出去就会失鲜变质，一年的辛苦就白费了。二是储量受限，一孔土窑最多可储存裸梨5000公斤左右，装箱储存量就更有限。为弥补短板，镇政府牵头修建冷库，到目前为止，已建起7座冷库、冷藏及配套设施，使用寿命一般20年以上，储存量约750万公斤。针对鲜梨销售产业链短、附加值低的问题，政府引进了东湖醋业、汉唐枣业、石鼓农产品开发公司、江德鑫饮品公司等深加工企业，创新加工产品，已研发包括酥梨汁、酥梨膏等在内的系列加工产品，极大地提高了农产品附加值。

（三）加大宣传力度，提高品牌知名度。酒香也怕巷子深。为此，同川积极加大品牌宣传力度，通过现代新媒体平台等方式推介同川品牌。一是出版了图文并茂的《中华梨果第一乡——同川》大型图书。二是拍摄了电视专题片《梨乡同川》，联系"同川百灵鸟"国家一级歌唱演员郝云婧发行了一部MV歌曲《我的家乡叫同川》。三是举办原平首届果商大会和梨果文化节，举行果品基地采摘与康养中心考察活动，协助市委市政府举办"原平市第十二届梨花诗歌艺术周"等活动，大力宣传同川酥梨品牌。四是提高同川酥梨品牌使用的规范性，积极实施农产品品牌战略，由政府牵头创品牌，靠品牌拓市场，向品牌要效益，提高梨产品的知名度和市场竞争力，第一时间把品牌信息准确地传递给消费者。

（四）积极引进外资，塑造良好营商环境。为发展壮大酥梨相关产业，当地政府积极联络在外企业人士回乡发展。在乡镇机构改革时，专门成立了经济发展办公室，打造了一支专业招商队伍，围绕营商环境，提升服务意识，在产业招商上求突破；围绕同川镇区位优势，强化诚信服务，在以商招商上求突破；围绕酥梨文化品牌，发掘多元产业，在特色招商上求突破，实现招商工作的良性循环和引资层次的不断提升，突出同川镇的文化特色、人文特色、资源特色和创新特色，叫响品牌、提升形象。通过上述三个突破，实现资本和产业的集聚，推动了乡镇经济又好又快健康发展。

三、主要成效

（一）经济效益。以九龙红梨基地、鑫毅盛达和山西万林源基地为依托，建成了品种新、果质优、标准化的酥梨示范基地，辐射带动全镇梨产业转型升级。"通过标准化种植，既能提升口感，还能给梨'美美容'，进行分级销售，多方面提高品质。"果商王俊义说。在他的带动下，超过120户梨农参与到标准化梨园的种植当中，给其他果农起到了积极的示范带动作用。"品牌保护好，价格卖上去，老百姓就能沾上光。"同川镇党委书记李志强说。农户看到基地规模大，灌溉、施肥、松土、除草机械化，套袋等管理科学化，效益最大化，由衷地竖起大拇指："小康还得靠技术，致富还得靠政府。"7座冷库建成后，李志强说："对于常年用土窑储存的老百姓来说，这可是个开天辟地的事儿。"科技为农业护航，自冷库运营后，不仅延长了酥梨的储存期，保证了酥梨市场的持续供应量，又防止了酥梨病虫害现象发生，并最大程度上保证了酥梨的新鲜度。冷库的建成与使用彻底扭转了"丰年不赚钱，价高没货源"的被动局面。"地头有了冷库，田间的梨子就更有保障了。不仅能更长时间保鲜，还能反季节销售，进一步提高梨的品质和价格。"果商王俊义说。他把同川的梨带到了北京新发地批发市场上，赢得了不少回头客。同时，通过发展酥梨深加工，延长了产业链，提升了产品附加值，扩大了梨业经营范围，提高了梨业经济效益，增加了农民收入，并推动梨产业朝着标准化、规模化、产业化方向发展，提升了产业产值。

（二）社会效益。同川酥梨的发展取得了显著的社会效益。首

先，当地居民得以全面系统、更加深入地了解自己的家乡，增强了自身作为当地居民的荣誉感和获得感。其次，勾起了许多根在同川身在他乡的游子浓浓的乡情，引发了情感共鸣，激起了外界致力于乡村建设人士对同川镇浓厚的兴趣，为他们了解同川、关注同川打开了一扇窗，为进一步吸引外资注入当地发展提供了潜在优势条件。通过联动内外，形成合力，让"梨乡同川"品牌可以得到更快发展。最后，品牌的形成为梨农提高市场竞争和议价能力带来了机遇，既保持了同川酥梨品牌相对稳定的销售渠道，又给消费者提供了一种优质的农产品，实现了生产者和消费者的双赢。

典型故事

郝学科，1969年生，原平市同川镇上社村人。上世纪90年代起，一直在上海、江苏等地从事香蕉贩运批发，货源采供远赴菲律宾、泰国、马来西亚等地。2016年，他响应原平市委市政府"请老乡、回故乡、建家乡"的号召，投资500万元组建了山西万林源生态农业开发有限公司。2017年，他又注册成立了原平市晋贤茂种植合作社，在同川镇上社村及周边村庄投资创业。

在当地政府支持下，郝学科开发建设了万林源多种产业融合示范基地项目，项目规划总投资上亿元。该项目采取"党支部＋公司＋互联网＋合作社＋贫困户＋营销团队"的发展模式，集生产、仓储、加工、销售为一体。前期规划是打造同川水果品牌，改造酥梨286.7公顷，栽培无公害玉露香梨133公顷，建设观光采摘园20公顷、富硒新品种示范园0.7公顷，并以晋贤故里上社为载体，打造商贸、旅游产业，用五年时间建成现代化生态农业产业龙头企业。目前，栽植示范、新苗培育、老树改良、冷链保鲜、营销服务等五大基地建设正有序推进。

郝学科在上社村126户贫困户270人中，对接贫困户40户150人。他说，他回来就是要把梨产业做好，让老乡们过好，要想尽一切办法让老百姓增收脱贫。他致力于脱贫攻坚多样化的帮扶：一是免费为梨农提供嫁接技术和培训服务；二是以每年每亩400元的价格流转土地133公顷，栽种新品种梨树；以每株15元的价格（每亩60株）流转286.7公顷梨园地；三是为150人提供每年每人不少于4个月的就业岗位,贫困户每人每天80元,非贫困户每人每天60元,这项劳务收入可为村民增收7200—9600元;四是每年为126户贫困户无偿提供每户2袋玉米种子及过冬衣物、被褥等,户均约200元;五是在20公顷育苗基地上套种辣椒,40户贫困户每户给1亩辣椒地65%的纯利润,约600元;六是每年以高于市场价收购梨农的梨产品,免除后顾之忧;七是免费为梨农储存梨,改变现在土窑洞储存带来的腐烂损失,保持梨的品质,增加收益。人们亲切地称赞他是"关爱家乡发展的创业者"。

郝学科返村创业,怀揣的是对家乡的热爱,带回的是经营理念、创新思路、发展资金、市场渠道,带动的是全村脱贫致富,而他也在小小的酥梨中不断筑梦、逐梦,收获了事业的进一步发展,获得了乡亲的尊重。同川镇有众多像郝学科一样心系家乡的在外人才,他们带动同川镇乃至原平市的梨农改良种植、栽培技术和管理方式,闯出了一条新时代梨乡转型发展、创新发展的新路子,让梨乡同川彻底拔掉了穷根。在实现巩固拓展脱贫攻坚成果同乡村振兴有效衔接的关键时期,在众多返乡创业人才的带动下,同川镇老百姓将会迎来更加美好的幸福生活。

填补空白的"中国蔓越莓之都"
——黑龙江省抚远市蔓越莓产业减贫惠农案例

焦点观察： 黑龙江省抚远市的地理位置、气候条件、土壤环境等适合种植蔓越莓。在当地政府支持下，抚远红海植业有限公司注重科技和理念创新，经过多年努力，成功实现了蔓越莓标准化种植，填补了国内蔓越莓规模化种植的空白。在取得良好综合效益的同时，企业重视联贫带贫，与贫困户建立长期稳定的利益联结机制，带动农民显著增收。实践证明，选对并实施好一个项目，对当地脱贫致富和乡村振兴意义重大，而龙头企业作为新项目、新模式、新技术的践行者，在这一过程中发挥着重要作用，成为不可缺少的重要合作力量。

一、发展背景

黑龙江省抚远市地处三江平原最下游,地势低洼,土壤瘠薄。易旱易涝面积大,对玉米、大豆、水稻等传统农作物影响较大。抚远市委市政府从推动实施乡村产业振兴战略出发,以实现农民增收精准脱贫为目的,通过考量自身地理位置、气候条件、土壤环境等综合因素,经过长期深入调研考察,把发展重点放在了蔓越莓产业上。

蔓越莓又称蔓越橘,是常绿小灌木矮蔓藤植物,果实是长 2—5 厘米的卵圆形浆果,主要生长在北半球凉爽地带酸性泥炭土壤中。美国北部的马萨诸塞州、威斯康星州、缅因州和加拿大的魁北克省,以及南美的智利、欧洲的东北部局部地区是蔓越莓的主产地。蔓越莓具有独特的口感,营养价值和药用价值极高,鲜果或通过精深加工开发的系列产品国内市场前景良好。抚远地处高寒地区,土壤以酸性为主,纬度、水资源及土壤环境与北美国家相似,具有得天独厚发展蔓越莓的优势。2014 年,抚远市成功引进全国第一个蔓越莓试种基地项目。目前,红海植业公司蔓越莓种植基地已完成一期 280 公顷种植,并连续三年实现丰产,鲜果销往全国各地,填补了国内蔓越莓全部依赖进口的市场空白。

二、主要做法

(一)禀天赋引龙头,发展特色产业。为改变"唯粮独大"的局面,抚远市把能够使蔓越莓自然生长的地理环境条件作为特色产业发展之"根",把蔓越莓产品集营养、药用和食用价值于一身作为特色产业发展之"魂",把蔓越莓种植科技、生产及加工能力作为特色产业发展之"本"。2014年,抚远市招商引进上海铂天生物科技有限公司,成立了抚远红海植业有限公司,并于2015年启动蔓越莓种植与深加工项目,项目总投资1.3亿元。2019年,蔓越莓进入初果期,挂果池田63公顷,初产鲜果1000吨,产值近5000万元。2017年,红海植业公司被评定为黑龙江省农业产业化重点龙头企业。

（二）借鉴国际先进科技,建设高标准生产基地。开展以平整土地、增厚沙层、调整田型、培肥地力为重点的田间工程建设;以排灌渠系、小型喷淋蓄水、提灌配套为重点的田间水利设施建设;以池田作业道路、主干道连接路为重点的路网建设;以优化配网结构,增强供电能力为主的农电网改造;以塑料大棚、滴灌喷灌、物联网覆盖、观光平台等为重点的基础设施建设,280公顷池田建设全部达到国际标准,形成了田成方、池成排,田网、水网、路网、电

网配套，灌、排、蓄功能齐全的标准化基地。

（三）延伸产业链，提升附加值。在推进蔓越莓标准化栽植的同时，公司加大以产品分级、包装、储藏、加工等为重点的鲜果精深加工设施建设，推动蔓越莓与旅游、生态、文化、健康、养生、美容等产业的深度融合，形成独有的春赏花、夏看景、秋观采收红海、一年四季品尝鲜果及其产品的生态游景观区，打造集种植、深加工、休闲度假为一体的地方特色产业，叫响"中国蔓越莓之都"的城市名片。2018—2020年，举办了以蔓越莓"采摘观光节"为主题的大型活动，收效很好。

（四）注重政策支持，强化科技支撑。优先满足蔓越莓生产基地农业设施用地需求。统筹现有渠道资金，通过政府购买服务、贷款贴息等方式，撬动金融资本和社会资本投入蔓越莓产业建设。对蔓越莓基地公共基础设施建设、新品种和新技术引进、农产品精深加工、新业态培育、品牌建设等给予优先服务保障。强化科技支撑，

加大人才培训力度，由黑龙江省科学院、抚远市政府与红海植业有限公司共同建立了抚远蔓越莓研发中心，省科学院组织10人专家团队长期入驻研发中心，为产业基地提供科技支撑。

（五）重质量溯源头，发展生态产业。从基地建设初始，就严格执行质量及安全标准，建立健全了一整套产地环境、生产过程、病虫草防控、加工、储运、销售和产品质量及安全等标准体系，加强基地环境保护，确保蔓越莓质量安全和产地安全。严格实行标准化生产，建立健全基地投入品管理制度、生产记录档案和产品质量安全可追溯制度，实现产地环境优良化、投入品使用安全化、生产过程规范化、产品质量优质化。红海植业有限公司已成功取得"红海小镇"有机蔓越莓品牌，以及蔓越莓Global GAP（全球良好农业规范）认证，已开发的产品有蔓越莓鲜果、果脯、浓缩果汁、冰激凌、蔓越莓口红等。2018年以来，利用农业农村部国际农产品交易会、黑龙江省农产品赴京沪杭推介会、黑龙江省绿博会等契机，开展多种形式的品牌展示、推介和宣传活动，进一步提升"红海小镇"的品牌影响力。目前，红海植业有限公司已成为国内乃至亚洲唯一具备蔓越莓种植、深加工及销售全产业链的企业。

三、主要成效

抚远市在培强扶壮蔓越莓产业的同时，不断探索完善产业联农带农增收机制，构建了"联合合作""干股分红""股权分红"等增收模式。

通过"联合合作"模式，农户带地加入合作社，使土地小块并大块，便于统一规划，连片整理，发挥规模化、集约化效益，农户每公顷土地增收超过1万元。通过"干股分红"融合模式，贫困户将国投资金的60%作为打包股权投入到合作社，再托管到企业的基地建设，参与一产增收利润分配，企业每年按股权纯收益的75%返利给贫困户，贫困户每人年返利不低于850元，连续10年进行干股分红。通过"股权分红"模式，推广"土地租金+工资收入+股权分红"股份制合作，固化农户土地流转过程中的土地经营权收益，农户将土地按照每公顷1万元流转给企业得到保底收入，并进入企业打工增加工资性收入，企业将纯效益的5%—10%，依据土地面积向农户进行二次分配，使农户能够分享加工和流通环节利润，最大限度带动农户稳定增收。近年来，蔓越莓产业精准帮扶贫困户和特殊帮扶户271户528人，年增收45万元。

典型故事

黑龙江省抚远红海植业有限公司成立于2014年，是一家集蔓越莓种植、加工和销售为一体的全产业链民营企业。企业注册资本1亿元，主营"蔓越莓鲜果"、"蔓越莓果干"以及饮品等蔓越莓系列加工产品。近年来，企业抓住市场旺销的契机，与黑龙江省科学院等多所院校联合，加大研发投入力度，使产品产量和质量逐年提升，经济、社会和生态效益均得到提高。2019年，蔓越莓种植面积达到280公顷，采收面积100公顷。通过线上线下销售，2019年销售蔓越莓鲜果450吨，实现产值5000万元。2019年，公司获得"红海小镇"有机蔓越莓品牌认证。企业还获得了抚远市脱贫攻坚明星企业、黑龙江省农业产业化重点龙头企业、一二三产业融合明星企业等荣誉称号。

公司不断扩大基地规模及面积，持续提高鲜果生产、加工和销售能力，使蔓越莓市场知名度、销售覆盖面和销售量持续扩大。公司建设的现代产业园区，完善了加工蔓越莓果脯、果酱、浓缩汁等加工品的全套设备，促进了蔓越莓种植生产与旅游、生态、文化、健康、养生、美容等产业的融合发展，观赏蔓越莓的水面采收场景已经成为当地的一道独特风景。通过有机蔓越莓示范田建设，积极探索育苗、栽种、管护等新技术，实现生态化、绿色化、优质化、特色化、品牌化，提升了"红海小镇"的品牌效应。强化产品精深加工，开发蔓越莓系列加工产品，提高了产品附加值。随着蔓越莓产业的快速发展，公司作为省级龙头企业，把带领当地群众脱贫致富作为重要的社会责任，将全市各乡镇的贫困户，全部纳入扶贫特殊帮扶户，不仅与全市528个贫困农民建立起长达10年的利益联结机制，而且还提供了100多个就业岗位。

目前，公司的蔓越莓产业基地已经初步建设了野生蔓越莓种植区、引种基地、观光平台、采摘体验园、鲜果加工中心、科技中心六大区块,在带动农民脱贫增收的道路上实现了产业发展与精准帮扶的"双赢"。蔓越莓产业已成为当地集高效农业、乡村休闲旅游、生态宜居为一体融合发展的田园综合体项目。

葡萄之乡　崛起萧县
——安徽省萧县葡萄产业减贫惠农案例

焦点观察：安徽省萧县素有"果海粮仓"的美称，葡萄种植历史悠久。如何将老产区的传统水果发扬光大，带动农民脱贫致富，萧县的做法值得借鉴：以脱贫攻坚为契机，以科学规划和布局为基础，以政策和项目支持为动力，以模式创新为重点，以龙头企业等经营主体为载体，以绿色生产和品牌建设为核心，引进现代管理设施和技术，探索产业融合发展。葡萄产业在助推萧县脱贫致富及乡村振兴中，焕发出了新的活力。更值得一提的是，萧县重视调动龙头企业和村集体的积极性、主动性，充分发挥其示范带动作用，有效促进了贫困户就地就业、致富。

一、发展背景

萧县地处安徽省最北部,属于北亚热带和暖温带的过渡区,温带季风气候,年平均气温 15.7℃。萧县总面积 1885 平方公里,辖 23 个乡镇、1 个省级经济开发区、5 个专业园区、257 个行政村,总人口 105.5 万,其中乡村人口 68 万。2012 年 3 月,萧县被确定为国家扶贫开发工作重点县,2014 年建档立卡贫困村 87 个,贫困人口 9.64 万户 21.29 万人,2017 年被确定为省级深度贫困县。经过持续脱贫攻坚,2020 年全县贫困人口全部脱贫,农村居民人均可支配收入由 2014 年的 8290 元增至 14280 元,增幅 72.3%;贫困户人均纯收入由 2014 年的 3188 元增至 10256 元,增幅 221.7%。

萧县种植葡萄已有 1000 多年历史,素有"葡萄之乡"之称。2021 年全县葡萄种植面积约 0.4 万公顷,产量 10 万吨,葡萄产值近 10 亿元。其中,露地鲜食葡萄约 0.27 万公顷,设施栽培葡萄约 0.1 万公顷,加工用葡萄约 333.3 公顷。现有"伊甸园""萧葡"等 6 个产品获得绿色食品认证。2018 年萧县葡萄被认定为国家地理标志产品。

二、主要做法

(一)调优产业布局,确定发展规划。萧县葡萄以规模化、标准化、品牌化作为发展方向,以设施栽培的早熟和中晚熟鲜食葡萄为优势产品,不断优化品种结构,全力提高果品品质。确立了北部黄河故道为中晚熟葡萄生产基地、东南山区设施大棚栽培为早中熟葡萄生产基地、中部以萧县园艺总场为核心区的酿酒葡萄生产基地布局。发展了夏黑、醉金香、阳光玫瑰、巨玫瑰、圣诞玫瑰、美人指等主导品种。加强葡萄绿色食品、"萧县葡萄"地理标志农产品管理，积极打造以"萧县葡萄""萧县葡萄酒"为主的区域重点农产品品牌，着力打造绿色、优质、安全、生态的高端葡萄品牌。

（二）加大各项投入，抓好生产发展。积极争取各级财政资金支持，做好招商引资，引导工商资金投入葡萄产业，鼓励安徽省农担公司为葡萄新型农业经营主体和种植户提供"劝耕贷"小额贷款服务。多年来，累计安排"萧县葡萄"关联产业项目20多个，争取中央、省财政资金近5000万元，项目配套资金7000多万元。加快现代农业示范园建设，配套建设管道喷药、机械化耕作、水肥一体化等基础设施，支持葡萄生产基地配套设施现代化。适时更新品种，实施果园标准化，促进精细优质栽培管理，进行大棚、网架、遮阳、避雨等设施栽培，实施测土配方施肥、有机肥替代化肥，合理修剪、改善通风透光条件，疏花疏果、限产定果，采用果穗套袋等绿色栽培和病虫防控技术。加大果园机械化、物联网等重点技术推广应用。强化葡萄采后包装、储藏保鲜、冷链运输、精深加工技术应用，做到鲜食葡萄收获后鲜销一部分，冷库储藏保鲜一部分，延长葡萄销售时间；酿酒葡萄以精深加工为主，增加附加值。支持科技推广、服务体系建设，依托安徽省农科院和安徽农业大学等科研院所，形成"科研团队+岗位专家+农技人员+职业农民"的技术支撑体系，聘请省级以上葡萄岗位专家为产业服务，支持基层农技人员开展葡

萄技术咨询和指导，定期开展对葡萄新型农业经营主体和果农的培训，加快葡萄新品种、新技术、新模式推广应用。

（三）促进产业融合，提高综合效益。围绕葡萄主导产品和品牌培育，结合葡萄产业带建设，着力培育一批经营规模大，带动面广，生产、加工、营销能力强，产品市场占有率高的葡萄产业化龙头企业。做好葡萄采后挑选分级、套袋保鲜、品种搭配等商品化处理，支持建设高标准冷藏保鲜库，做好葡萄预冷和冷藏保鲜，实现错季上市，降低市场竞争压力，达到增产增收目标。大力开发萧县葡萄酒、葡萄汁、葡萄醋等精深加工产品，提高葡萄产业附加值。在注重葡萄质量的同时，做好葡萄包装箱的设计、生产、使用，向精美、透明、小巧方向发展，达到包装差异化、特质化。积极扩大电商覆盖面和影响力，培育了一批葡萄电商经营主体和特色产品。进一步提升萧县园艺总场葡萄采摘园的休闲观光功能，促进一二三产业融合发展，提高葡萄产业综合效益。

三、主要成效

（一）葡萄产业发展初具规模。脱贫攻坚工作开展以来，萧县认真贯彻落实中央、省市脱贫攻坚工作部署，坚持以贫困村、贫困户持续增收为目标，深入推进农业特色产业扶贫，构建了以县城为中心、方圆 40 余公里的葡萄种植带。全县有 23 个乡镇种植葡萄，种植 33.3 公顷以上的新型农业经营主体 20 多家，种植 0.33 公顷以上的大户近 200 户，葡萄种植农户 2 万多户，葡萄产业龙头企业、农民合作社、家庭农场超过 40 家，拥有省级以上标准葡萄园、省级以上标准化示范区、绿色食品生产基地等 20 多个。

（二）利益联结机制保障农户受益。完善利益联结机制，提高果农组织化程度。以"政府＋科研单位＋驻村工作队＋村集体＋公司＋帮扶对象"的运作模式，实施特色产业到村项目，为脱贫户提供就业岗位，带动贫困户参与葡萄产业园区建设与发展。根据脱贫户实际，因户施策指导实施优质高效的自种自养项目，鼓励支持脱贫户持续发展农业特色产业。对种植葡萄的自种自养脱贫户提供资金支持、技术帮扶和指导，解决其资金和技术等困难。

（三）一村一品促进贫困户增收。实施"一村一品"，带动整村脱贫。永堌镇窦庄村土地贫瘠，有连片盐碱地，是典型的贫困村。在当地村"两委"带动下，窦庄村着力发展葡萄种植，并成为葡萄产业"一村一品"示范村。在村集体带动下，全村建成葡萄设施大棚 64 个，占地面积近 7 公顷，以蜜莉、阳光玫瑰、夏黑等葡萄品种种植为主。窦庄村融合数字农业、物联网和视频监控等技术，通过

水肥一体化设施和土壤墒情传感器，对葡萄种植采用手机App远程控制及智慧管理，可实现自动灌水施肥、通风及远程诊断病虫害。通过"基地+农户（示范户）"模式，窦庄村培养了一批掌握先进种植技术和管理经验的示范农户，通过种植帮扶带动，促进了村内贫困户提升"造血"能力。窦庄村智慧葡萄产业扶贫基地，每年为村集体带来经济收入8万元，60户贫困户参与分红，每户可收入1000元。带动20人务工就业（其中贫困户10人），扶贫成效显著。

典型故事

企业带动型。坐落在丁里镇丁里村的安徽金生绿源农业开发有限公司,是萧县葡萄产业发展的"领头羊",在全县葡萄产业发展中起到了很好的带头示范作用。脱贫攻坚以来,在镇党委和政府大力支持下,公司创办人王燕带领公司人员外出参观考察,并结合当地实际情况,确立了建设现代高效农业、生态农业、休闲观光农业相结合的发展目标,以葡萄标准化、规模化、绿色种植为方向,着眼生态建设和采摘观光,建设现代高效农业示范区。公司采取"公司+基地+科研团队+农户+脱贫户"的发展模式,通过组建人才队伍、加强生态环境保护、建立长效机制等措施发展产业,并与农户建立稳定的利益联结机制。2017年以来,企业参与12次科技帮扶、科技推广、社会慰问及捐助等活动。2020年新冠肺炎疫情中,企业回馈社会,为丁里镇奋战在一线的防疫人员送去了价值12万元的自主研发葡萄深加工产品,献上了一片爱心。公司先后获得市级产业化龙头企业、市级现代农业示范区等荣誉称号。公司创办人王燕先后获得安徽省劳动模范、第九届安徽省民企最具创新力十大杰出人物、宿州市"百名风采女性"、宿州市"三八"红旗手等荣誉称号。

村集体带动型。2017年,白土镇张村整合扶贫资金等各类帮扶资金,投资建设了200多个葡萄种植大棚,其中130多个大棚采用物联网技术管理,种植20多个葡萄品种。村集体专门成立了运营公司,采取"公司+

农户"的模式，带动农户发展。农户负责种植，公司统一采购农资，聘请农科院专家进行技术指导，统一品牌销售，收益与农民共同分红，张村70多户脱贫户参与了分红。针对贫困户不同情况，张村实行分类施策，分类脱贫。一方面，鼓励有劳动能力的贫困户到园区务工，支持12户农户参与葡萄园管理。另一方面，对于无劳动能力的脱贫户，利用村集体收益分红，为其提供保障。村民郑进因肢体残疾难以务工。在村集体支持下，他承包了22个葡萄大棚。郑进说，过几年葡萄进入盛果期，亩产可超1000公斤，年收入10万多元不是梦。2020年底，张村通过发展葡萄产业，实现贫困人口清零，人均收入从3920元增至13100元，村集体收入已连续2年超过50万元。葡萄不仅让贫穷的小山村成功摘掉了"穷帽子"，还成了省级美丽乡村中心村，是远近闻名的"示范村""富裕村""和谐村"。

脱贫的"希望树"
——江西省余干县马家柚产业减贫惠农案例

焦点观察： 江西省余干县发展马家柚的时间不长，产业扶贫中遇到的问题不少，使这颗"金果"带来效益并不容易。但是，发展本身就是不断遇到问题、解决问题的过程。产业扶贫本身就是一个发展的过程，其间伴随着扶贫带贫机制的不断完善，对精准扶贫认识的不断深化，以及因户施策措施的不断创新。按照贫困户文化水平、劳动能力等的差异，余干县的马家柚种植合作社，特别是合作社里"有想法"的致富带头人，采取针对性的带贫方式，充分尊重贫困户意愿，吸纳其参与马家柚生产的不同环节，保证每个贫困户都能从产业发展中受益，使"金果"真正成为了广大贫困户的致富果。

一、发展背景

江西省余干县地处亚热带,气候温和湿润,是江西省十大重点贫困县之一。马家柚具有果肉细腻浅红、果味清香、出汁率高等优点。为促进脱贫攻坚,余干县立足县域实际,于2017年引种马家柚,2018年开始规模种植。

马家柚产业发展过程中,余干县遇到了不少难题,主要表现在:一是资金不足。以政府扶贫资金为主,吸引社会资金投入不足。由于果园未到盛产期,许多合作社面临资金筹措困难,出现果园管理懈怠问题,部分果园树体生长不良。二是技术管理水平不高。基地现代化管理水平较低,技术普及度不高,缺乏科学化、精细化管理,果园抗风险能力较弱。当地发生持续冻害灾害时,基地受损严重,产业发展积极性有所下降。三是利益联结机制不完善。有些合作社虽然有章程,但章程不完善,财务制度不健全,分红协议不规范,导致农户的产业参与积极性不高。四是产品销售渠道窄。尚未建立完善的销售网络体系,电商、直播带货等新兴网络营销能力不足,马家柚销售价格波动大,果农收益不稳定。五是产业链延伸不足。产品的销售半径不宽,储藏加工等产后管理相关产业未发展起来,导致产品附加价值低,无法提供更多就业岗位。

为了解决上述问题,促进马家柚产业发展,带动当地农民脱贫致富,余干县采取了一系列措施(见第二部分),激发产业发展积极性。在全县上下共同努力下,马家柚产业实现了跨越式发展,实现了由零到万亩规模的突破,马家柚成为当地的重点扶贫产业,成为当地广大贫困群众脱贫的"希望树"、致富的"金果树",为扶贫产业发展走出了一条新路。2019年4月,余干县成功摘除了贫困县的帽子。

二、主要做法

(一)奖补触动,激发产业发展积极性。县委县政府出台了《余干县2018年产业扶贫奖补实施方案(试行)》文件,对种植马家柚等农作物,发展优势特色农业产业的合作社及贫困户,给予每亩7500元的奖补,同时在农业保险、产业贷款贴息、农产品加工和包装等方面提供针对性的优惠政策支持。在此引导下,各贫困村和非贫困村纷纷组建马家柚种植合作社,大力发展马家柚产业。2020年,再次出台政策,对马家柚合作社提供每亩700元的奖补资金支持,鼓励其安装水肥一体化设施,提高果园灌溉效率。这些政策,有效激发了合作社的产业发展积极性。同时,加大招商引资力度,引进一批加工型企业,对柚皮等副产品进行综合利用,开发柚子果酒、柚子精油、果胶等衍生产品,提高产品附加值。

(二)技术支撑,筑牢产业发展根基。一是统一基地建设标准。提出高标准建园、高标准生产、高品牌创建的发展思路,促进果园科学有效管理,提升果品品质。成立了余干县马家柚产业发展办公室,专门为全县马家柚合作社提供政策咨询和技术培训服务,经常深入马家柚种植基地,就合理施肥、病虫害防治、整形修剪等提供技术指导。同时,通过微信群、微信公众号等网络渠道,宣传有关政策信息,适时发布果园管理技术知识,并及时解答处理果农反馈的问题。

特别是在新冠肺炎疫情防控期间，微信群发挥了重要的引导、沟通和交流作用。二是加强技术支持。邀请大专院校果树栽培专家，对合作社的业务骨干进行多场次理论与实践相结合的针对性培训。与江西省农科院、江西农业大学建立技术协作关系，专家团队现场支招，为合作社及贫困户解决80多个技术难题。

（三）利益联动，构建脱贫增收新渠道。马家柚种植专业合作社广泛采取"合作社＋基地＋贫困户"的模式，鼓励贫困群众以土地、资金、劳动力等多种方式入股，并根据贫困户的实际情况，因类施策，使他们都能参与产业发展，获得收益。对于有一定技术且愿意从事马家柚产业的贫困户，采取合作社先建基地，再通过返租倒包的方式交由贫困户独立经营，并在挂果后按照一定比例分享产业收益，降低了其产业发展风险。对于有一定劳动能力的贫困群众，结合基地用工需要，优先安排其从事施肥、浇水、除草、剪枝等树体栽培管理工作，增加其务工收入。对于有一定文化水平的贫困群众，在通过专门培训后，支持其作为经纪人销售合作社的马家柚产品，并从中获得销售提成。这些举措既精又准，充分激发了贫困群众通过产业发展实现脱贫致富的内生动力。有脱贫户开心地说，现在每年有3000元分红，参加培训能学到知识，平时在果园劳动可以领工资，每年算下来也有1万多元的收入，生活有了明显改善，我非常满意。

（四）市场早谋，做好产品营销功课。产品销售畅、效益好，产品品质是基础。为此，余干县制定了马家柚果实的标准，要求标准果重为1.5—1.75公斤，表皮色泽明亮，无明显瑕疵，甜度适中，水分充足。支持合作社注册商标，申请扶贫产品认证，注重包装设计的新颖性、宣传性和实用性。举办马家柚展销会、文化节，利用抖音、快手、微信朋友圈等网络社交平台，发布广告，提高产品知名度，并采取线上＋线下多方式营销，有效拓宽了产品销售渠道。

三、主要成效

（一）产业实现稳步发展。全县24个乡镇场、186个合作社种植马家柚，带动1.5万余户农户种植，共计26万余株，连同脱贫户发展庭院经济和自主栽种，全县累计栽种面积超过1300公顷，其中66公顷以上的基地1个，6.6公顷以上的基地30个。

（二）扎实培训增强农户获得感。余干县重视对农户的培训。三年来，组织人员赴赣南、漳州、上饶等地实地学习考察，举办大型培训10余次，小型培训60余次，基本实现了对186个合作社下

乡巡回指导全覆盖，累计培训村干部、农技人员、脱贫户3000余人次。扎实有效的学习培训，增强了农民对发展马家柚产业的思想认同，奠定了产业持续发展的基础。通过参观学习、培训指导，使农民学到了柚子种植技术，也开阔了产业发展思路，坚定了产业发展信心，保障了产业健康发展。

（三）马家柚休闲农业发展顺利启动。2019年，余干县瑞康农旅生态开发有限公司投资开发的瑞康农旅生态项目正式启动。该项目包括：马家柚等花果观赏采摘基地、竹子池水上乐园和马家柚基地拓展休闲观光带等三大内容。在该项目带动下，余干县马家柚休闲农业发展顺利启动。

典型故事

在余干县黄埠镇四合村，一片茂密的果园中，金黄的马家柚挂在树上。村里致富带头人吴兵生指着这片马家柚果园，自豪地介绍说："这是县里2018年引进的扶贫产业，在全县180多个基地当中，我的基地是管理最好、投产最早的基地之一。这个品种要比市面上一般柚子价格高，口味好，每公斤柚子7元，也不愁卖！"

吴兵生是黄埠镇远近闻名的"有想法"的人。"农村要脱贫，就得靠产业！"这是吴兵生多年来的经验之谈。吴兵生是一个胆大心细、认准了就干的人。2018年县里提出将发展马家柚作为扶贫产业时，他觉得这是一个难得的机会,说干就干,他在四合村成立了四合顺意种养殖专业合作社,种植马家柚5.8公顷。采取"村集体＋合作社＋致富带头人＋农户"的模式,合作社筹资100.8万元,其中政府扶贫资金支持64.3万元,转为村集体占股63.79%;33户贫困户入社,投入16.5万元,占股16.37%;吴兵生个人投资20万元,占股19.8%。

产业发展过程中,他遵循县里高标准建园、高品质生产、高品牌创建的发展思路。合作社积极争取上级部门项目资金,建设果品产后保鲜及加工等硬件设施。2020年注册了"四合顺意"商标,并且申请了扶贫产品认证,想方设法宣传产品,努力把"四合顺意"马家柚品牌唱响。作为特聘农技员,他还经常去其他果园交流经验,将在培训中学到的知识与种植过程中的心得体会传播给周围种植马家柚的合作社,帮助农户解决遇到的生产问题。

在产业帮扶上,他采取差异化帮扶措施。对劳动力强的脱贫户,组织起来一起去参与农业技术培训,并且雇用他们在果园进行施肥、打药、修剪、采摘等劳动,计时发放工资;对劳动力较差的脱贫户,可以选择看守类的工作,或者选择以林地、土地、资金等方式入股,参与产业发展而获得分红。

2020年,合作社的马家柚产量22.5吨。在果实采摘季节,四合村举办了马家柚文化节,邀请全县各马家柚合作社负责人参加，进行马家柚栽培和合作社运行经验交流，并且采摘品尝"四合顺意"马家柚。经过宣传推介，20多吨果子销售一空，总产值24万余元。吴兵生深有体会地说："产品的销售，一定要自己主动去寻找渠道，不能抱有等待观望的态度，等着政府送小康。接下来我还要探寻线上销售渠道，进一步加大产品宣传力度，将余干马家柚品牌打得更响。"吴兵生觉得，只有带领脱贫户和全体村民发扬不等不靠的作风，勤奋创业，在振兴乡村的道路上永不停顿，今后的日子才会越过越好。

橙果变成了"金果"
——湖南省新宁县脐橙产业减贫惠农案例

焦点观察: "一个人富不算富,乡亲们富了才是富"。专业大户、家庭农场、合作社、龙头企业等农业新型经营主体是促进脱贫的重要力量。与小农户相比,农业新型经营主体具有一定的专业化、组织化、社会化、商业化特点。他们大部分来自于农村,热爱农村,与农民有着天然的联系,可以带动贫困农户与农业现代化相衔接,从而实现致富。湖南省新宁县脐橙产业扶贫中,采用了"龙头企业+合作社+贫困户"的模式,实行"千企帮千村",鼓励农业新型经营主体与贫困户建立稳定的利益联结机制,通过"资源变资产、资金变股金、农民变股东",七年时间带动 8.37 万贫困人口稳定脱贫。

一、发展背景

新宁县隶属于湖南省邵阳市,地处湘西南边陲,是武陵山片区和湖南省扶贫工作重点县。全县总面积 2812 平方公里,辖 16 个乡镇、299 个行政村、17 个社区,总人口 67 万人。新宁旅游资源丰富,崀山景区是世界自然遗产、国家 5A 级景区。2013 年,全县贫困人口 12.14 万,农民人均可支配收入 5722 元;全县脐橙种植总面积 1.07 万公顷,总产量 6.64 万吨。

新宁县气候湿润温和,无霜期长,光照充足,境内群山环绕,森林密布,水系发达,河道纵横,山地较多;土地资源丰富,土壤富含各种有益人体健康的微量元素;无工业"三废"污染,具备生产绿色食品的良好基础。新宁县是国内最先引进华盛顿脐橙栽培的地区和最早的脐橙出口基地县,被列入国家赣南—湘南—桂北柑橘优势产业带脐橙生产重点县。新宁生产的崀山脐橙色泽橙红,果面细腻,口味浓甜,富有香气,果肉含有人体所必需的维生素 C 和 β-胡萝卜素等各类营养成分,达到 A 级绿色食品标准,深受消费者喜爱。崀山脐橙是新宁县最具特色、最具优势、最具潜力的支柱产业。为此,新宁县委县政府经过广泛调研、多重论证,决定将脐橙作为全县产业扶贫的拳头产业、主导产业。

2013 年,新宁县脐橙产业存在规模偏小、品牌不强、效益低下等突出问题。全县脐橙园有 91.9% 不通果园路,近 62.5% 为郁闭老园,果园管理成本高、商品果率低,产量不高,单产只有 6234 公斤/公顷,生产平均成本达到 1.2 元/公斤,销售均价 1.3 元/公斤,每公顷平均收益只有约 600 元。果园基础设施、老园提质改造、品牌创建与营销等是当时扶贫和产业发展中亟须解决的突出问题。

二、主要做法

近年来，新宁县认真贯彻落实"百里脐橙连崀山"的发展理念，积极探索"脐橙＋旅游＋扶贫"模式，建成百里脐橙走廊，脐橙产业带动贫困人口实现稳定脱贫。

（一）坚持把脐橙产业作为产业扶贫"第一工程"来抓。一是算好"一本账"，找准突破口。新宁县与贫困户算了这样一本账：种植一亩脐橙前三年直接成本 6000 元左右，如果贫困户种植 0.2 公顷，只需贷款 2 万元；脐橙一般在第四年开始赢利，第六年进入丰产期，纯收入可达 10.5 万元／公顷左右。通过科学管理，一棵脐橙树生命周期在 50 年左右，每年稳定有 1.5 万元的纯收入，完全可以实现脱贫。二是强化领导"一盘棋"，上下联动抓推进。成立以县委书记为组长的脐橙产业发展领导小组，出台《关于进一步推进脐橙产业发展的决定》，构建县、乡、村三级整体联动抓脐橙产业的工作格局。三是激活金融"一池水"，精准扶持强保障。县财政每年整合资金 5000 万元以上支持脐橙产业发展，支持贫困村、贫困户脐橙园基础设施建设，对建档立卡贫困人口新种脐橙每公顷奖补 1.8 万元。为贫困果农每户提供不低于 5 万元的贴息贷款，累计发放小额贷款近 50 亿元。对贡献突出的科研单位给予农业开发项目等方面的优先立项支持。

（二）坚持把脐橙产业作为"民心工程"来抓。一是突出产业集聚。整合资金6800万元，引导市场主体投资2.1亿元用于产业园基础设施和公共服务体系建设，创建66公顷以上脐橙标准园104个、现代农业特色产业园省级示范园8个。二是突出全程指导。设立县特色产业开发服务中心、乡镇技术服务站、配备村级技术服务员，壮大懂脐橙、爱脐橙、种脐橙的"三橙"工作队伍，为果农提供全方位技术指导。三是突出龙头带动。大力推行"龙头企业+合作社+贫困户"等联农带富模式，健全农民增收利益联结机制。全县参与"千企帮千村"脐橙企业92家，合作社296家，3.73万农户由农民变成股民，平均每户每年工资性收入4.8万元、分红近3万元。

（三）坚持把脐橙产业作为"全产业链"来抓。一方面，注重科技创新推动。与湖南农业大学、湖南省农业科学院签订合作协议，与中国农业科学院柑橘研究所共建柑橘试验站，开展品种选优、老园改造、现代栽培、疫病防控等技术试验示范。6.1万农民获得技能培训，8700名果农成为脐橙产业"土专家"，1980人成为新型职业农民，有效提升了脐橙种植管理水平。另一方面，注重标准化生产。推广"良种+良法"，推行《崀山脐橙生产技术规程》和脐橙有机肥替代化肥技术。全县3.33万公顷脐橙纳入国家地理标志保护范围，1.37万公顷通过国家无公害农产品产地认定，20家企业的脐橙产品获国家绿色食品认证。

（四）坚持把脐橙产业作为"品牌建设工程"来抓。一是努力打造"崀山脐橙"知名品牌。借力崀山的"金字招牌"，全县所有脐橙产品统一使用"崀山"品牌进行营销。二是持续提升"崀山脐橙"

品牌影响力。成功举办六届中国崀山脐橙文化旅游节,推出一系列崀山歌曲、绘画、微电影等文艺作品。"崀山脐橙"入围国家品牌计划——广告精准扶贫项目,在中央电视台和湖南省广播电视台连续展播。三是全面放大"崀山脐橙"品牌效应。创新营销模式,拓展线上线下营销网络,与惠农网、阿里巴巴、苏宁易购等近百家企业建立战略合作关系,建成电商产业园1个、县级电商运营中心6个、村级电商服务站点366个。8个基地、3家企业通过国家出口果园(企业)认证,拓展了欧盟、俄罗斯、新加坡等40多个境外市场。

(五)坚持把脐橙产业作为"产业融合标本"来抓。一是统一规划构建融合发展带。按照"山顶戴帽、山腰栽树、山脚穿靴"打造脐橙产业融合发展带,初步建成了脐橙产业核心区、农旅一体化示范区、脐橙主题休闲观光长廊。二是强强联合培育融合新业态。

做好脐橙和旅游融合文章，建成脐橙旅游观光园 21 个，休闲农业企业 26 家，举全县之力打造 2 条脐橙精品旅游线和黄龙镇三星村、金石镇新全村、崀山镇窑市村 3 个田园综合体。建设商贸物流交易中心，重点打造集果品及精深加工产品集散、电商销售、冷链仓储、物流和快递等一体化的商贸集散中心。三是推动与乡村振兴无缝对接。建设 13 个省、市级美丽乡村示范村，脐橙重点产区黄龙镇被评为全国农业产业强镇示范区，被认定为湖南省首批 10 个农业特色小镇之一。

三、主要成效

通过脐橙产业扶贫，带来了良好的经济、社会、生态效益。一是经济效益。截至 2020 年，全县脐橙种植面积 3.33 万公顷，产量 70 万吨，成为"中国脐橙第一县"，40 万人口受益，8.37 万贫困人口因脐橙产业稳定脱贫。种植面积、总产量、平均单产分别为 2013 年的 3.1 倍、10.5 倍、3.4 倍；销售均价达到 3.75 元/公斤，是 2013 年的 2.9 倍；农村居民人均可支配收入 11923 元，是 2013 年的 2.08 倍。脐橙主产村金石镇月汉村、中长村、新全村，黄龙镇三星村、羊坪村、新田村，清江桥乡湘塘村等，2020 年农民人均可支配收入均超过 2.5 万元。二是社会效益。果农种植积极性、生产管理水平、农产品质量安全意识和脐橙产业竞争力明显增强，增加了就业岗位，有效促进了农民增收、农业增效、农村增色，为建设现代化新宁奠定了坚实基础。三是生态效益。脐橙是多年生常绿果树，通过科学培植和管理，有效减少了水土流失，净化了空气，美化了环境，提高了植被覆盖率，增强了生态功能，保护了生态环境。

依托脐橙产业，新宁县相继荣获全国首批无公害水果生产示范县、全国绿色食品原料标准化生产基地、国家农业绿色发展先行区、国家果菜茶（脐橙）有机肥替代化肥示范县、国家农村一二三产业融合发展示范县、全国农作物（柑橘）病虫害绿色防控示范县、湖南早中熟柑橘产业集群项目县等称号。湖南省产业扶贫现场会于2018年和2020年两次在新宁召开。新宁县脐橙产业扶贫经验入选《全国产业扶贫100例优秀案例》。崀山脐橙被授予中国最受欢迎的果品区域公用品牌100强、湖南省首批"一县一特"农产品优秀品牌、首届湖南气候好产品等。

典型故事

新宁县龙丰果业有限公司和新宁县月汉脐橙专业合作社成立于2012年。龙丰果业有限公司专门从事脐橙生产、加工和销售，分别于2015年、2020年被认定为邵阳市、湖南省农业产业化龙头企业，合作社于2019年获全国示范合作社称号。公司年营业收入超过1.2亿元、年利润1000余万元，生产的崀山脐橙连续多年获农博会产品金奖。徐小龙兼任合作社理事长和龙丰公司董事长，他于2015年获邵阳市劳动模范，2017年获邵阳市扶贫贡献奖、兴邵贡献奖，2018年获湖南省最美扶贫人物、邵阳市最美扶贫人物等荣誉称号。

公司（合作社）通过直接帮扶、委托帮扶和股份分红三种帮扶形式，带动周边4个乡镇17个村6133名贫困人口实现稳定脱贫，有的贫困户还成了富裕户和家庭农场主。主要做法如下：

技术优先。公司（合作社）从省里、市里和县里请来了脐橙种植专家，对农户进行手把手的培训和指导。通过组织外地考察学习、专家课堂培训、实地业务演示等，先后培养了320名贫困户成为脐橙生产与加工技术骨干，组织贫困果农业务学习2800人次。公司于2015年组建了技术服务部，组建了20人的技术攻关团队，常年奔波于田间地头，为果农义务服务3.8万人次，其中贫困人口1.5万人次，带动贫困户新种植脐橙213.3公顷。公司每年拿出不少于12万元资金举办脐橙品质大比武活动，对应用管理新理念、使用种植新技术、产出品牌新硕果的种植示范户予以奖励。

抱团发展。公司建设脱贫示范基地，动员建档立卡贫困户加入合作社，公司免费提供种苗、肥料和技术支持，优先安排贫困劳动力参与示范基地建设，带动1941户贫困户实施脐橙品种改良，脐橙品质和效益显著提升。为实现贫困户持续稳定增收，公司（合作社）严格按照"四跟四走"方式（资金跟着穷人走，穷人跟着能人走，能人跟着产业项目走，产业项目跟着市场走），实行"五个统一",即统一生产资料采购、统一施肥喷药、统一采摘时间、统一产品加工、统一销售渠道。公司与贫困户建立了稳定的利益联结机制,贫困户土地流转有租金、小额信贷扶贫有股金、加工期企业做工有薪金。公司每年发放贫困户的工资超过150万元。几年下来,脐橙种植农户特别是贫困户的生产观念、市场观念和品牌意识明显增强。2020年,月汉脐橙专业合作社基地面积达到733.3公顷,带动周边17个村发展优质脐橙超过2600公顷。

"一枝独放不是春",公司(合作社)正带领周围果农、广大社员走在乡村振兴、共同富裕的康庄大道上。

端好"果盘子",鼓起"钱袋子"

——海南省临高县热带水果产业减贫惠农案例

焦点观察: 海南省临高县充分调动各类主体的积极性,采取"龙头企业+基地+合作社+贫困户""银行+企业+贫困户""产地+农民技术培训学校+扶贫工场"的模式,坚持一镇一业、一村一品、一户一策,实施果业精准扶贫。通过"退蔗还果""退桉还果",大力发展香蕉、凤梨、荔枝、莲雾等种植,实现了果业成功转型,助力了精准脱贫。针对贫困户的痛点,龙头企业采取"土地入股保底+分红+务工"模式是精准脱贫的点睛之笔;由龙头企业、村委会、农户和脱贫户共同出资组建专业合作社,探索实施"热带水果专业合作社+"模式,保证扶贫效果的持续性,促进扶贫与乡村振兴有机结合是亮点。

一、发展背景

临高县位于海南岛西北部，濒临北部湾，陆地面积1317平方公里，辖10个镇、1个农场、176个村（居）委会，总人口49万，其中乡村人口32万。2012年，临高县被确定为国家扶贫开发工作重点县。贫困特征为贫困发生率高，人均可支配收入低，基础设施和住房建设差，因病致贫、自身发展动力不足致贫、缺土地致贫的贫困人口多。2016年初，尚有贫困村23个，贫困人口11419户51093人，贫困发生率14.27%。

临高县是农业大县，甘蔗和桉树种植面积大，但利润极低，亟待调整产业结构。同时，临高县的地理位置和气候、土壤特征适合凤梨、蜜柚、香蕉等热带水果种植。为此，水果产业成为当地促进脱贫的重要产业抓手。在水果等产业助力下，临高县于2019年摘掉了国定贫困县的帽子。

二、主要做法

临高县委县政府坚持把脱贫攻坚作为首要政治任务和第一民生工程，把产业扶贫和就业扶贫作为根本之策。坚持一镇一业、一村一品、一户一策，选派贫困村科技特派员46名，设置产业指导员451名，采取"龙头企业＋基地＋合作社＋贫困户""银行＋公司＋贫困户"、"三位一体"（产地＋农民技术培训学校＋扶贫工场一体发展）等产业帮扶模式，实现脱贫户每一户都有一项稳定增收产业。特别是海南天地人生态农业股份有限公司（下称"天地人公司"）

热带水果产业精准扶贫模式,在临高县影响最大、带贫最多、成效最显著。本案例以天地人公司为例,介绍果业扶贫做法。

(一)用利益联结贫困户。动员贫困户以自己承包的土地入股,天地人公司采取"保底+分红"模式给予回报,每年给予产值8%的分红;如果自然灾害或市场风险导致产值低,达不到收益标准,则公司承诺每年500元/亩的保底收益,就高不就低。有劳动能力的贫困户,还可以在基地务工,增加劳务型收入。在天地人公司务工的贫困户年收益可达9万—10万元。

(二)用培训提升贫困户。开展"六个一"(建设一间标准课室、创立一套管理制度、组建一支专业队伍、选择一门培训课程、完善一本台账、发放一本证书)工程,以定向培训模式,开设农业生产、农产品栽培、田间管理及市场经营能力等培训课程,采取现场教学与课堂学习相结合的方式,将公司二十多年积累总结的热带水果种植技术经验毫无保留地传授给贫困户,促使贫困群众转变为产业农

民、技术工人。同时，也解决了企业需要大量技术过硬的农民工人的问题。公司累计投入 160.18 万元，开展职业技能培训 231 场次 5.2 万人次，其中贫困户 7895 人次。

（三）用就业带动贫困户。天地人公司积极引导贫困群众及广大农民务工就业。建设贫困家庭劳动力储备库，建立用工供需信息平台，通过手机 App、微信公众号等信息化手段，把企业的用工信息直接推送到手机客户端，方便农民随时查看。同时，开展多种形式的"送岗进村""送岗入户"活动，方便贫困家庭劳动力就近就业。

（四）用共担稳定脱贫成绩。探索实施"热带水果专业合作社+"模式，促进扶贫与乡村振兴有机结合。在临高县 10 余个乡镇开发 0.67 万公顷"退蔗还果""退桉还果"扶贫接续项目，龙头企业（20%）、村委会（60%）、农户和脱贫户（20%）共同出资组建热带水果专业合作社。由天地人公司负责运营，包括种苗、技术、标准、信息化管理、采后处理、营销和品牌等，引进银行、投资基金等机构做好资金融通，引进保险机构对自然灾害和产品价格提供保险，确保贫困户稳定和持续的资产型和劳务型收益，种植项目收益按三方投资比例分成。这种模式是一种创新，类似于公司化治理的混合所有制模式，将公司和脱贫户深度捆绑，培养和激发其自我运营能力，保证脱贫效果可持续。

三、主要成效

公司的带贫效果显著。通过建立稳定的利益联结机制，使贫困

户享有长期（10—15年）、稳定（保底收益）、较高回报（年平均回报率10%—12%）、有保障（产业做支撑，经营者承担风险）的收益。截至2020年底，天地人公司精准帮扶7137户31328名贫困人口脱贫；吸收贫困户就业务工，长期务工103户206人，临时用工25万余人次，其中贫困户3.75万人次。在公司的带动下，121户贫困户走上创业致富道路。天地人公司热带水果产业扶贫项目累计分红3015.46万元。天地人公司的成功扶贫模式还被推广到乐东、澄迈、海口等市县，都取得了较好的扶贫效果。

典型故事

天地人公司是专注于热带水果产业的扶贫龙头企业，主要种植凤梨、蜜柚、香蕉等热带水果。成立21年来，公司在海南省8个县市共有42个生产基地,各类水果种植面积1866.7公顷,其中金钻凤梨1066.7公顷。

响应政府脱贫攻坚的号召,天地人公司决定:产业扶贫这个事我们一定要做,而且要做好!确定了走扶贫之路,还须找准扶贫的产业方向。此前,公司种香蕉被台风毁了几次,损失上千万元,现在绝不能让贫困户跟着冒风险。公司组织团队反复研讨论证,多次到东南亚等地区考察,最后确定了凤梨产业。凤梨是菠萝的升级换代品种,口感好,切食方便,无需蘸盐水就可以吃,而且价格是传统菠萝的4倍。事实证明他们选对了路子,原来贫困户种植桉树每亩地产值只有500元,改种凤梨后每亩产值达到1.8万元。

公司首先在龙兰村试点,采取"土地入股+保底分红+务工"的扶贫模式。有些贫困户一开始很担心,说:"土地入了股,万一没有分红,我们吃什么呀?"为了让他们放心,公司决定预付贫困户土地租金作为保底,有收益的时候再分红,这样一来贫困户就旱涝保收了。村里的贫困户王志,过去种植桉树一年到头都不够养家糊口。他拿自家1.5亩地入股后,每年有700多元的土地保底金,在公司打工每月有三四千元的收入,还能照顾家里老人和小孩,年底还有分红。他逢人便说选对了致富路。

龙兰村的成功,让周边农户看到了种植凤梨的"含金量"，天地人公司的产业扶贫模式在临高县得到迅速推广。公司先后在6个乡镇实施6600余公顷金钻凤梨全产业链建设项目，由公司、村委会、贫困户共同出资组建热带水果专业合作社。通过这种产业扶贫模式，使公司和贫困户深度捆绑，形成真正的命运共同体。

随着产业扶贫的推进，天地人公司逐步认识到"观念"脱贫的重要性。只有观念上"脱贫"，才能实现永续脱贫。于是，公司与乡镇一起成立了扶贫培训学校，实行"农业基地＋培训基地＋扶贫工厂"的"三位一体"模式，推行生态农业理念以及种植绿色、高质量水果的方法。一个叫王海的员工，到公司前，家里穷得只有一间没有窗户的房子。通过参加培训，他不仅学会了种植技术，还学会了管理，现在当上了千亩香蕉园的大场长，年薪拿到了20万，买了轿车还盖起小楼房。他在海南脱贫致富电视夜校给全省的贫困户讲述自己的脱贫故事时，感慨地说："我没有读过大学，但是在天地人公司的课堂里，我却真正地大学毕业了！"王海的故事在全省传播开来，广大贫困户由此看到了希望，看到了未来。

公司还将自主研发的农业数字化管理系统引入产业扶贫，让贫困户学习数字农业。他们不会打字，公司就买来手写板，不会写字的，公司教他们一个一个地认键盘上的字母。为了调动农民积极性，公司还准备了小奖品，奖励能一天认下26个字母的人。当他们终于学会用电脑的时候，像小孩一样开心地跳起来，到村里头炫耀，说自己是个文化人。

一路走来，天地人公司的产业扶贫从一个村辐射到了临高全县和海南省其他市县。公司累计给贫困户分红3000多万元，帮助了7000多户30000多名贫困人口脱贫。公司也成长为中国最大的凤梨生产商和国家级农业产业化重点龙头企业。

后记

在中国,各地区立足本地实际,因地制宜、因势利导地发展了各具特色的果业。果业不仅助力中国实现了2030年议程的目标1,也为实现目标2、目标3、目标5、目标8、目标10、目标15等做出了积极贡献。中国的实践表明,产业扶贫是能够带来经济、社会、生态效益的系统性减贫办法。

脱贫摘帽不是终点,而是新生活、新奋斗的起点。中国将持续巩固拓展脱贫攻坚成果,做好同乡村振兴的有效衔接。果业发展是促进减贫的有效路径之一,也将是实现乡村振兴、走向共同富裕的有力方式之一。从果业减贫到果业振兴,果农富、果业强、果乡美的美好画卷正在中国大地展开。

中国一直积极参与全球减贫治理,坚定支持国际减贫交流合作。2021年9月,中国国家主席习近平提出"全球发展倡议",呼吁加快落实2030年议程,减贫是其中的重点合作领域之一。我们愿与各国持续加强农业农村领域的减贫合作，相互支持、相互帮助，为促进后疫情时期农业农村经济复苏与繁荣，建设没有贫穷和饥饿的世界共同努力！

本报告得到各相关省（市、县）农业农村部门，以及天津市农业科学院、北京市农林科学院、中国农业科学院有关专家的大力支持，谨表衷心感谢。

图书在版编目(CIP)数据

果业减贫惠农:中国经验/农业农村部对外经济合作中心,农业农村部乡村产业发展司编著. —北京:商务印书馆,2022
ISBN 978-7-100-21171-0

Ⅰ.①果… Ⅱ.①农…②农… Ⅲ.①果树业—扶贫—研究—中国 Ⅳ.①F326.13

中国版本图书馆 CIP 数据核字(2022)第 079723 号

权利保留,侵权必究。

果业减贫惠农:中国经验
农业农村部对外经济合作中心
农业农村部乡村产业发展司 编著

商 务 印 书 馆 出 版
(北京王府井大街36号 邮政编码100710)
商 务 印 书 馆 发 行
北京捷迅佳彩印刷有限公司印刷
ISBN 978-7-100-21171-0

2022年7月第1版	开本710×1000 1/16
2022年7月北京第1次印刷	印张 20

定价:200.00元